MLLE SAUVAN

PREMIÈRE INSPECTRICE DES ÉCOLES DE PARIS

SA VIE ET SON ŒUVRE

PAR

ÉMILE GOSSOT

PROFESSEUR AU LYCÉE LOUIS-LE-GRAND

> Quelques-uns sont célèbres; d'autres
> mériteraient de l'être.
> SÉNÈQUE.

PARIS

LIBRAIRIE HACHETTE ET CIE

79, BOULEVARD SAINT-GERMAIN, 79

1877

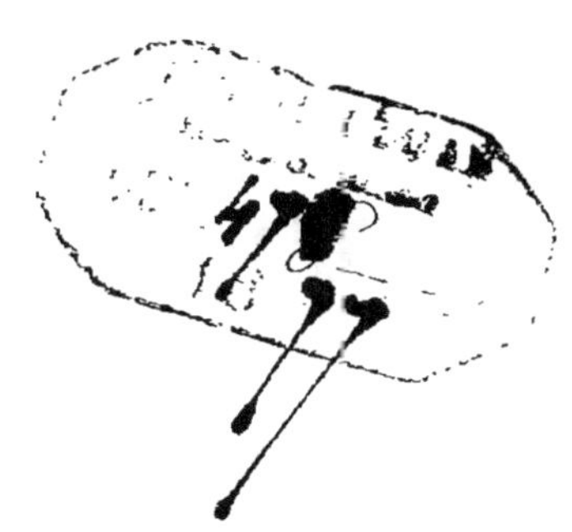

MLLE SAUVAN

PREMIÈRE INSPECTRICE DES ÉCOLES DE PARIS.

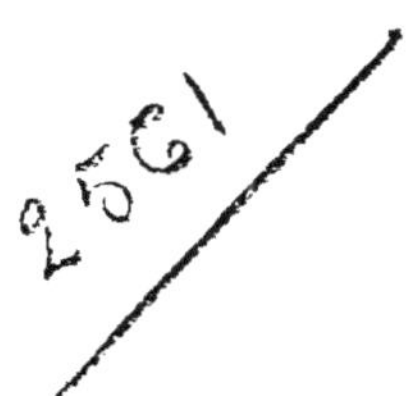

MLLE SAUVAN.

PREMIÈRE INSPECTRICE DES ÉCOLES DE PARIS

SA VIE ET SON ŒUVRE

PAR

ÉMILE GOSSOT

PROFESSEUR AU LYCÉE LOUIS-LE-GRAND

> Quelques-uns sont célèbres; d'autres
> mériteraient de l'être.
> SÉNÈQUE.

PARIS

LIBRAIRIE HACHETTE ET Cie

79, BOULEVARD SAINT-GERMAIN, 79

—

1877

INTRODUCTION

I

La renommée est un peu comme la fortune, elle est capricieuse. Elle recherche volontiers le bruit et l'éclat. Il ne lui déplaît pas non plus de se voir l'unique objet de nos adorations. N'espérez rien d'elle avec une existence qui se contente d'être utile : l'héroïsme caché n'est point du tout son fait.

Que de grands esprits et de nobles cœurs, qui mériteraient d'être à jamais glorifiés, et dont la postérité ne saura pas même le nom ! Ils ont voulu l'oubli ; la renommée les a servis à souhait.

Mais est-ce à nous, contemporains de ces héros de l'abnégation et du dévouement, de ratifier cet injuste arrêt, et serait-il généreux de faire silence autour d'une vie qui s'impose au respect et à la reconnaissance par des œuvres durables? Il y aurait là plus que de l'ingratitude : ce serait une trahison, et nos fils auraient le droit de nous reprocher d'avoir laissé périr dans nos mains un trésor d'exemples dignes de leur être transmis.

II

Ces réflexions amènent, hélas! sous notre plume, bien des noms tombés dans un oubli immérité; mais il en est un, respectable entre tous, qui nous sollicite, et qui réclame une réparation, réparation tardive, il est vrai, mais qui viendra encore à son heure, car il se mêle à tout ce qui s'est fait de bon et d'utile, depuis cinquante ans, pour l'éducation des classes pauvres.

C'est à ce titre surtout que le nom de Mlle Sauvan mérite de vivre. N'y eût-il, pour m'attirer, que l'éclat de son dévouement à cette sainte cause, c'en serait assez pour que je me sentisse porté vers cette chère mémoire, sans autre ambition que la satisfaction de ma conscience.

Je ne suis pas d'ailleurs seul sensible à la perte

immense, bien que prévue, que les écoles ont faite dans la personne de Mlle Sauvan. Les femmes qu'elle a élevées, les institutrices qui se sont formées sous sa direction, en gardent pieusement le souvenir.

C'est là encore que, leçons, conseils, réprimandes même, on a tout retenu de cette femme bénie, qui fut, pendant tant d'années, la lumière et l'appui des institutrices de Paris.

Mais ce culte, restreint à quelques âmes reconnaissantes, disparaît tous les jours par les vides que la mort fait, et bientôt ces voix isolées ne suffiront plus à défendre contre l'action du temps un nom qu'on peut citer avec honneur dans les choses de l'éducation, à côté de Fénelon et de Rollin.

III

Hâtons-nous donc de rassembler autour de cette rare personne tous ses titres à notre gratitude. Si son influence ne s'était exercée que dans le cercle étroit d'une école, si respectable que fût cette profession, il faudrait se résigner au silence, parce que nous serions en face d'une destinée commune à beaucoup d'autres ; mais Mlle Sauvan a réformé et transformé l'enseignement primaire dans les écoles de filles de la ville de Paris ; elle en fut la première inspectrice, et avant d'être chargée de préparer les jeunes institutrices à cet enseignement, elle avait publié un livre, le *Cours Normal*, que l'Académie française a jugé digne d'un prix de trois mille francs.

Nous verrons ailleurs que les innovations apportées dans les programmes n'ont point limité l'usage de ce livre, qui est un modèle de tact, de prudence et de direction. On peut même le lire avec infiniment de profit, après le traité de Fénelon sur l'éducation des filles.

IV

Qnelques années plus tard, en 1840, Mlle Sauvan publia le *Manuel des Institutrices*, qui fut également couronné par l'Académie française. C'est à propos de ce dernier ouvrage, que Villemain disait à l'auteur, en le blâmant doucement de ne pas plus écrire : « Donnez-nous un livre tous les ans, et nous le couronnerons. »

Le Manuel, en effet, venait à son heure pour régler les exercices de l'enseignement mutuel, qui semblait alors le seul possible et le seul profitable. Ajoutons qu'il s'y mêle des conseils excellents et dignes de survivre à une méthode qui a fait son temps.

Enfin, pour ne rien omettre de ce qui peut nous faire connaître entièrement Mlle Sauvan, nous dirons encore qu'elle vécut dans l'intimité de tout ce que la Restauration comptait d'hommes distingués dans la politique, dans les arts et dans les lettres.

Lafayette, Vitet, Robert-Fleury et Robert-Lefèvre, formaient sa société habituelle et l'entouraient d'une respectueuse sympathie ; Legouvé, son beau-frère, le général Lamarque, de Gérando, Dupaty, Bouilly, l'aimaient comme une sœur, et Lamarque ne lui donnait pas d'autre nom.

Que faut-il conclure de tant d'amitiés illustres, sinon que Mlle Sauvan avait dans le caractère bien des côtés remarquables, et que, chez elle, les austères devoirs de sa profession n'excluaient pas les grâces de l'esprit ?

En examinant tous ces témoignages que je dois à la bienveillante confiance de la famille, il m'a semblé qu'il y aurait lieu d'étudier, dans Mlle Sauvan, non-seulement, le professeur et l'inspectrice des écoles, mais aussi la femme, et qu'elle ne perdrait rien à être suivie dans sa vie privée, et jusque dans ces années lointaines où elle se préparait, à son insu, à un apostolat qui devait durer plus d'un demi-siècle.

En parlant d'elle, je parlerai pour les générations de jeunes femmes qu'elle a élevées; qui l'ont connue et aimée, et peut-être qu'en acquittant leur dette avec la mienne, je parviendrai à montrer dans quelques pages, combien le nom de Mlle Sauvan mérite d'être rappelé et conservé.

Mlle SAUVAN

SA VIE ET SON ŒUVRE

PREMIÈRE PARTIE

JEUNESSE DE Mlle SAUVAN, SA CORRESPONDANCE, SES AMIS.

I

Lucile Sauvan naquit à Paris le 23 mars 1784. Elle appartenait à une famille honorable, qui avait traversé la corruption du XVIIIe siècle, sans en être atteinte dans la pureté de ses mœurs et dans sa probité antique.

Son père, intendant général de la maison d'Orléans, jouissait d'une très-belle fortune pour ce temps-là, et quand le duc d'Orléans dut prendre le chemin de l'exil, M. Sauvan, en serviteur dévoué, lui donna de son propre bien et sans condition, deux cent quarante mille francs en or qui ne lui furent jamais rendus. Il espérait peut-être que des jours meilleurs le payeraient de ce sacrifice; mais il comptait sur la mémoire des princes, et l'on sait qu'ils manquent bien souvent de celle du cœur.

Lucile Sauvan ne fit donc qu'entrevoir la situation presque opulente de ses parents, dont elle était le septième enfant. Une famille aussi nombreuse impose toujours de bien lourdes obligations, même quand elle ne devient pas une cause réelle de gêne. Aussi la naissance de la jeune Lucile fut-elle, me dit-on, plutôt subie que désirée. M. Sauvan, qui voyait la cour de près, avait déjà le pressentiment des malheurs qui allaient fondre sur l'ancienne monarchie. Il souffrait, dans son attachement pour elle, des coups qui lui étaient préparés, parce qu'il voyait dans ses représentants un principe d'ordre quoique vieilli, un abri tutélaire quoique chancelant. Mais il en souffrait surtout pour les siens, dont les premiers pas allaient s'essayer au milieu d'une société dont on ne pouvait pas prévoir le lendemain.

Née presque dans les ruines, la jeune fille grandit sous le poids des inquiétudes qui tourmentaient sa famille, et, quoique enfant, elle les ressentit vivement.

De là, sans doute, cette maturité précoce qui fit bientôt comprendre à ses parents qu'au lieu d'une charge de plus, la Providence leur avait envoyé une enfant qui serait peut-être un jour le bon génie du foyer et la consolation de leur vieillesse.

Mais ici se place un événement que Mlle Sauvan racontait encore soixante ans plus tard avec une douloureuse émotion.

C'était en 1794, après les journées de prairial, au moment où régnait à Paris la terreur dans la terreur, selon l'énergique expression de M. Mignet. L'odieuse tyrannie des Décemvirs s'exerçait indistinctement contre tous les partis, et, bien qu'elle fût à la veille de finir dans le sang, elle devait encore atteindre bien des victimes.

Il n'était pas besoin d'avoir servi un prince de la famille royale, pour être dénoncé comme suspect et traîné à l'échafaud. M. Sauvan était donc tout désigné à ce qu'on appelait, dans ce temps-là, la justice du peuple. Cependant il avait toujours été assez heureux pour lui échapper, quand, à la fin, il fut découvert dans sa retraite.

Arrêté au milieu de sa famille consternée, il fut emmené comme aristocrate à la Conciergerie, et là,

tout préoccupé de l'avenir de ses enfants, le malheureux père attendit que son tour vînt de marcher à
la mort.

Mais la hache révolutionnaire avait beau multiplier ses coups, les événements prenaient le pas sur
elle, et atteignait les bourreaux souvent même avant
les infortunés qu'ils voulaient immoler. Un sursis
d'un jour, d'une heure même suffisait parfois pour
sauver la vie à une multitude d'innocents.

On pense bien aussi que les familles des détenus
ne négligeaient aucune démarche pour soustraire à
la mort leurs chers prisonniers, ou tout au moins
pour faire arriver jusqu'à eux quelques lueurs d'espérance. On y employait les ruses les plus ingé-
nieuses et les êtres les mieux faits pour tromper la
vigilance des gardiens.

C'est ainsi que la jeune Lucile, alors âgée de dix
ans, pouvait pénétrer auprès de son père, sans trop
éveiller les soupçons. Douée déjà d'un esprit très-
délié, très-perspicace, elle savait, au milieu de ses
caresses d'enfant, glisser adroitement une lettre dans
la cravate de son père. C'était toujours une consolation, un encouragement que lui apportait cette chère
et douce messagère. Le prisonnier se reprenait à espérer en songeant que tous les siens conspiraient
pour lui contre la fin dont il était menacé, et la Pro-

vidence permit que son espoir ne fût pas trompé.

Le 8 thermidor, jour fixé pour le supplice, un orfèvre qui lui était très-dévoué, tout en se faisant passer pour un patriote des plus purs, s'en vint à la Conciergerie demander un jour de grâce « pour donner à cet aristocrate le temps de régler ses affaires. C'est un coquin, dit-il à Fouquier-Tinville, et il mérite la mort plutôt dix fois qu'une ; mais il me doit beaucoup d'argent, et je veux des garanties avant qu'on l'envoie à la guillotine. »

Cet habile mensonge sauva le père de Lucile. Le lendemain était le neuf thermidor, le jour du triomphe des modérés de la Convention et la fin de ce régime sinistre qu'on a nommé avec raison la Terreur.

II

Il y avait deux mois que M. Sauvan était séparé des siens, quand il fut rendu à la liberté. Qu'on se figure les transes, les angoisses de sa famille pendant cette longue détention que déjà l'on regardait comme un arrêt de mort. Mais sa fille Lucile était peut-être celle qui en avait le plus souffert. Aussi sa joie fut si vive en retrouvant ce père qu'elle adorait et qui lui était si miraculeusement rendu, qu'elle demanda avec instances à voir passer la charrette qui conduisait au supplice Robespierre et ses complices. Mais elle avait trop présumé de sa fermeté de résolution. La vue de cette face livide, de ces yeux éteints, de cette tête mutilée, promise dans quelques minutes à l'échafaud, la fit pâlir : elle s'évanouit, et l'on fut obligé de l'emporter.

On pourra s'étonner qu'une enfant de dix ans ait voulu être témoin d'un pareil spectacle. Mais ceux qui ont connu Mlle Sauvan sauront bien que ce désir ne venait pas d'un mouvement de banale curiosité : il avait une autre source, plus haute et plus pure ; car rien n'était vulgaire dans cette nature élevée et vraiment singulière. C'était une espèce de revanche que réclamait sa piété filiale si douloureusement éprouvée pendant deux longs mois.

Douée d'une âme virile et tendre, mûrie avant l'âge par le malheur des temps, cette toute jeune fille trouvait une secrète satisfaction dans la vue d'une scène qui la vengeait de tout ce qu'elle avait souffert dans ses plus chères affections.

Il faut bien aussi faire la part de l'exaltation du moment, de cette flamme d'indignation qui se communiquait de proche en proche, et gagnait même les êtres les plus faibles pour en faire des héros. Plus âgée, Lucile Sauvan eût été capable des plus grands dévouements, car déjà elle possédait en germe toutes les vertus de la femme forte, et celle que Lafayette appelait, dans une lettre trop intime pour être citée, un ange de piété filiale, se montrera plus tard la plus admirable des institutrices par son zèle éclairé, la sagesse de ses conseils et une sensibilité active pour toutes les misères.

C'est dans cette portion de sa longue carrière qu'il sera intéressant de la suivre, parce qu'elle s'y révèle avec les grandes qualités qui font d'elle un être tout à fait à part et véritablement supérieur dans les fonctions où elle fut appelée par le hasard des événements.

Jusque-là, c'est-à-dire jusque vers 1811, nous n'avons que peu de détails sur la vie de Mlle Sauvan. Il semble que, dans sa modestie, elle ait voulu nous dérober le travail de ses premières années, qui durent être tout entières tournées vers l'étude. Une jeunesse sérieuse, appliquée, avide d'apprendre, impatiente de savoir, tels nous nous représentons les commencements de Mlle Sauvan.

Mais voici un témoignage qui nous aidera à la connaitre dans les traits essentiels de son caractère et de son esprit à cette époque; c'est celui d'un personnage très-distingué et aujourd'hui très-connu, qui

fut presque élevé par Mlle Sauvan, et qui l'a vue à
tous les moments de sa vie.

« C'était, me disait-il, une femme vraiment extraordinaire. Je n'ai pas rencontré d'esprit aussi complet, aussi riche, aussi puissant. L'imagination qui,
chez d'autres, « est la folle du logis, » prenait, chez
elle, la forme d'une raison ardente et passionnée,
capable des plus nobles mouvements. Elle aimait
son pays, comme enfant elle avait aimé son père,
c'est-à-dire, jusqu'à l'adoration, et quand, en 1814, la
France fut ouverte à l'étranger, elle en ressentit si
vivement l'outrage qu'elle en fit une maladie. »

Nous n'ajouterons rien à ce dernier trait, et, si
plus tard nous voyons Mlle Sauvan recherchée et
consultée par les libéraux les plus éloquents de la
Restauration, nous saurons que le patriotisme le plus
sincère avait aussi sa place dans les sentiments de
cette femme à laquelle on peut appliquer le mot de
Mme de Staël : « Elle avait une immense fortune de
cœur. »

III

A douze ans, Mlle Sauvan savait à peine lire, ce
qui s'explique par les agitations politiques au milieu
desquelles s'est écoulée sa première enfance ; à vingt,

son éducation était complète, si cela peut se dire
d'un esprit naturellement et sans cesse porté vers
les objets qui le fortifient et qui l'élèvent.

A des connaissances variées et solides, elle avait
ajouté, comme délassement, l'étude de la musique et
surtout de la peinture, où elle était devenue, paraît-
il, assez habile, si nous en jugeons par une lettre que
lui écrivait Robert-Lefèvre, peintre distingué du premier empire et de la Restauration. Il lui répond sans
doute, à propos d'un tableau qu'elle avait soumis à
son appréciation :

« Vous êtes aussi bonne, lui dit-il, que votre travail est parfait. Vous m'avez permis des observations
que vous accueillez avec la complaisance familière
aux esprits supérieurs. Permettez-moi de vous dire
aujourd'hui une vérité beaucoup plus positive, c'est
que votre talent est ce que je connais de plus doux,
de plus suave et de plus complet. Buffon a dit : Le
style, c'est l'homme; moi je dis : le pinceau, c'est la
femme, la perfection, c'est *Mademoiselle Lucile.* »

Même en faisant la part de ce qu'il peut y avoir de
trop flatteur dans ce jugement d'un peintre éminent,
nous voyons que Mlle Sauvan aurait pu se distinguer
dans un art qu'elle ne cultivait que pour se distraire
d'autres études plus graves et qui devaient faire
l'honneur de sa vie.

Retenons encore ce mot charmant, parce qu'il est vrai et qu'il nous révèle bien le penchant et les habitudes d'esprit de cette rare personne : « La perfection c'est *Mademoiselle Lucile*. »

En effet, ce goût du bien, du parfait, était inné chez elle et irrésistible. Elle l'a porté partout avec une passion qui ne s'est jamais démentie, dans le cours d'une carrière de plus de quatre-vingts ans ; et après l'avoir voulu pour elle-même, elle l'a voulu pour les autres, pour ceux dont la direction lui avait été confiée.

Il arrive souvent que cette précieuse disposition nous rend exclusifs, intolérants. C'est là l'écueil qu'il faut soigneusement éviter. Mais Mlle Sauvan ne l'a pas connu. Sa bonté naturelle venait à propos tempérer ce que sa raison aurait eu d'austère et de rigide. Elle n'était tout à fait sévère que pour elle.

Fixée de bonne heure dans ses qualités essentielles, cette femme semble n'avoir eu , à aucun moment, ces excès de zèle qui sont le lot ordinaire de la jeunesse. D'heureux dons, de grandes lectures, et par-dessus tout, les fortes et saines leçons de la famille, avaient développé sur cette jeune tige tous les fruits exquis de l'âge mûr. Le malheur aussi, qui avait pesé un instant sur son front, y avait laissé une trace salutaire et ineffaçable. De là cette fermeté de principes, qui s'unissait si heureusement chez elle, à cette indulgence réfléchie, mais facilement ouverte aux défaillances de ses semblables, parce qu'elle venait du cœur autant que de la raison.

IV

Tant de qualités, si spontanées et si hâtives, nous font regretter de ne pouvoir pénétrer plus avant dans le secret de cette première éducation, qui règle presque toujours et commande la vie. Nous y retrouverions, à l'état natif, ces mâles vertus qui faisaient la force et l'honneur de la classe moyenne d'avant 1789, et qui se perpétuaient surtout dans les familles nombreuses.

Ces traditions si conformes à ses penchants, Lucile Sauvan les avait comme respirées en naissant, et les désordres de cette époque, en attristant un moment sa jeunesse, ne firent que les établir plus solidement et les asseoir pour toujours au fond de son cœur.

Aussi avait-elle gardé, jusque dans l'âge le plus avancé, un culte pieux et tendre pour ses premières impressions d'enfant, et dans ses retours vers le passé, elle aimait à rappeler le souvenir des joies intimes de la famille.

Il nous a été donné d'en contempler l'image. Greuze, qui y était reçu à titre d'ami, en a fait le sujet d'un tableau d'une vérité charmante. Tous les personnages y sont naturels, sans recherche, et avec des attitudes qui conviennent à leur caractère et à leur âge. C'est l'impression du moment, toute vive et toute fraîche, déposée sur une toile par un grand artiste, qui s'oublie lui-même et ne paraît pas avoir songé à la postérité. L'amitié seule l'a inspiré, et son œuvre en est le reflet le plus vrai et le plus pur. Ce sentiment s'épanouit sur tous les visages; il parle dans tous les gestes et dans tous les regards; un air de tranquille bonheur règne dans cet intérieur où tout le monde ne semble vivre que pour s'aimer.

Quel trésor qu'un pareil tableau, et quel précieux souvenir pour une famille! Combien elle doit être pénétrée d'un sentiment triste et doux, en contemplant, à un siècle de distance, ceux à qui elle a dû le jour, qu'elle a connus dans l'âge mûr, dans la vieillesse et dans la mort! Ils sont tous là, le front paré de toutes les grâces de la jeunesse, et prêts à s'élancer sur tous les chemins de la vie. Les uns, tendres rameaux d'une tige vénérable, se dessécheront avant d'avoir vu leurs fruits ; les autres, vaincus par le temps, ne fléchiront que sous le poids des années, en laissant de leur passage un parfum de renommée et de vertu, et moins d'un siècle suffira pour consommer ces ruines douloureuses !

Mais il est, dans la vie de chacun de nous, un moment où nous aimons à nous reporter par le souvenir. C'est là que nous vivons en imagination, là que notre cœur ramène sans cesse notre sensibilité, et au milieu même des défaillances de l'âge, nous revoyons encore, dans leur beauté première, les images qui nous ont charmés.

Ce moment-là n'est-il pas pour nous tous celui où nous avons goûté les joies véritablement ineffables du foyer domestique ? Or, c'était dans ce sanctuaire des affections les plus douces, que Mlle Sauvan avait puisé ces trésors d'indulgence et de mansuétude qui rendaient son commerce si agréable et si bienfaisant. Elle en avait gardé aussi cet air de distinction aisée qui frappait dans ses moindres paroles et qui rappelait la bonne société du dix-huitième siècle.

V

Très-petite de taille et frêle comme un roseau, il semblait cependant qu'elle grandissait, à mesure qu'on l'approchait. On ne pouvait se défendre d'un sentiment de respect, en présence de cette femme si maîtresse d'elle-même, et qui paraissait si bien faite pour commander aux autres. Tout en elle annonçait une nature de choix et des dons qui ne sont le partage que des êtres privilégiés.

Une intelligence vive et originale, un jugement sûr et ferme, une âme élevée, beaucoup d'indépendance de caractère, avec une franchise qui ne sut jamais dissimuler la vérité, une énergie de volonté à toute épreuve, assez d'esprit pour étonner ceux qui en avaient le plus, et pourtant, ce qui est peut-être plus rare que l'esprit, une modestie charmante, qui n'avait d'égale qu'une inépuisable bonté.

Telle était Mlle Sauvan vers la fin de sa vie, quand nous l'avons connue, et telle nous la montrent les précieuses épaves de sa correspondance, à l'âge de vingt-deux ans. Cette organisation tout à la fois si délicate et si forte, n'avait pas eu de déclin dans ses qualités maîtresses : l'enveloppe seule avait

vieilli. Mais les facultés avaient encore toute leur
fraîcheur et tout leur ressort, l'esprit, toute sa vivacité et sa grâce, et la mémoire, qui résiste ordinairement si peu à l'action des années, était restée,
chez elle, d'une fidélité étonnante.

On ne saurait imaginer le profit qu'un administra-
teur peut tirer de cette précieuse faculté, quand il
ne s'en sert que pour défendre les intérêts de la
justice et de la vérité.

On discutait un jour devant Mlle Sauvan, les titres
d'une adjointe à un avancement mérité. L'argument
le plus sérieux qu'on opposait à cet avancement,
c'était que l'adjointe ne paraissait pas avoir une
bonne santé : « Je ne sais, répliqua vivement
Mlle Sauvan, si la santé de Mme X... est bonne ou
mauvaise, mais ce que je puis affirmer, c'est que
tout récemment, elle a trouvé assez de forces pour
faire, pendant quinze jours, sa classe et celle de sa
directrice, l'administration ayant eu la barbarie de
refuser une suppléante à cette dernière, dont la
mère était mourante. »

Je me hâte de dire que ceci se passait en 1864,
trois ans avant que M. Gréard ne prît la direction
de l'enseignement primaire de la Seine.

Encore une remarque qu'assurément nous ne
donnons pas comme sans appel, mais qui a pour-

tant ici son importance, c'est que l'écriture de Mlle Sauvan, jusque dans l'âge le plus avancé, n'avait presque pas changé. C'est toujours le même caractère, ferme, droit, arrêté, qui nous frappe dans ses lettres datées de 1806, les plus anciennes que nous ayons. Pour nous servir d'un mot de M. Ernest Legouvé, chez elle, l'écriture est un portrait.

Mais ce qui doit nous frapper bien davantage dans ces années lointaines, c'est déjà la tournure sérieuse de son esprit, avec un coup d'œil observateur et réfléchi, qui n'exclut pas cette grâce toute féminine et cette aimable candeur, qui donnent tant de charme à sa morale, parfois bien grave, semble-t-il, et bien perspicace sous la plume d'une jeune fille.

« J'aime beaucoup la vivacité de ton imagination, écrivait-elle à une amie plus jeune qu'elle et qui paraît lui avoir été tendrement attachée; j'ai grand besoin de me tenir en garde contre tes aimables saillies; car elles me font sourire au moment où je les blâme ; mais je te préviens que j'ai de l'humeur contre ton esprit, et que je ne lui pardonnerai ses succès que le jour où il sera cité le dernier. Il faut que j'entende dire : Elle est bonne, douce, réservée... et alors je veux bien qu'on ajoute : elle est spirituelle. »

Ainsi, dès ce temps-là, Mlle Sauvan voulait bien

pour son amie, ce que la nature lui avait si largement
départi à elle-même, de l'esprit, mais tempéré et
adouci par cette fleur de modestie et de bonté qui
sied si bien à tout le monde, aux jeunes filles surtout.

Elle connaît déjà les vanités et les dangers de
l'esprit, et elle en avertit son amie avec ce ton de
sagesse et de raison, qui rappelle ce mot si juste de
J. de Maistre, dans une lettre à sa fille Constance :

« La science expose habituellement les femmes
au *petit* danger de déplaire aux hommes et aux
femmes. »

Ce n'est pas à la science que Mlle Sauvan en veut,
mais à l'esprit, qui est peut-être d'un abus plus
fréquent. «A propos d'esprit, lui dit-elle, sais-tu bien
que c'est un malheur pour une femme que d'en avoir
beaucoup ? Les hommes ont quelquefois peur qu'elle
s'avise d'en avoir autant qu'eux ; les femmes ne lui
pardonnent pas d'en avoir davantage. On lui suppose des prétentions ; on l'accuse de méchanceté,
parce qu'on craint sa pénétration... Je te le répète,
mon amie, ta simplicité, ta douceur, ta défiance de
toi-même, pourront seules désarmer les envieux et
les sots, et te faire pardonner ta supériorité. Tâche
qu'ils ne l'aperçoivent pas, cet esprit charmant, et
garde-le pour te bien conduire dans le monde et
faire les délices d'une société intime ; mais *triche*

les indifférents, et fais-leur croire, s'il est possible, que tu es une femme ordinaire. »

Ne dirait-on pas que celle qui donne de si judicieux conseils les tenait déjà de la pratique du monde, et qu'elle-même n'avait pas toujours été assez heureuse pour *tricher* les indifférents ?

VI

Il reste vingt-sept lettres de Mlle Sauvan à cette *amie de son choix*, comme elle l'appelle dans la dernière, qui est de 1812.

Quel excellent cours d'éducation on formerait pour les jeunes filles avec cette précieuse correspondance ! Comme les éloges se mêlent adroitement aux conseils de la sagesse, et combien les reproches mêmes se dissimulent heureusement sous les caresses de l'amitié !

Ce n'est jamais une leçon qui s'impose avec ces airs tristes et grondeurs qui gâtent les meilleurs préceptes ; c'est un tendre avertissement et plus souvent un encouragement qui s'offre de lui-même au milieu des témoignages d'une affection presque maternelle. Elle apprend un jour que sa jeune amie s'est montrée discrète, réservée dans la société où ses parents la produisent; aussitôt sa joie éclate en expressions remplies d'une tendresse éclairée et qui ne s'oublie pas dans les éloges exagérés d'un heureux changement. Elle sait bien que la louange peut égarer les meilleures natures, et qu'une jeune fille de seize ans, belle, riche, spirituelle, avec un nom très-honoré, ne manquera pas de gens autour d'elle, empressés à lui cacher la vérité. Mlle Sauvan veut être l'amie qui la lui dira avec tous les ménagements que sait garder le véritable attachement.

C'est alors que le blâme se laisse deviner à côté de l'éloge le plus affectueux, et que tout est mis en œuvre pour éveiller, chez la jeune fille, des dispositions qui doivent assurer son bonheur.

En relisant toutes ces lettres, on sent qu'à cette heure, l'esprit de Mlle Sauvan était mûr pour l'éducation. Chez elle, c'est déjà plus qu'une vocation, c'est un don, une grâce spéciale, qui n'attend qu'une occasion pour porter tous ses fruits.

Sa morale n'est ni étroite, ni personnelle, ni banale; elle n'est pas non plus entachée de cette fausse rhétorique tant goûtée sous la Restauration, qui attendrit le style et énerve les plus virils sentiments. Si une sensibilité délicate se montre dans ses conseils, on voit qu'elle a passé par la raison, et que celle-ci ne le cédera jamais à l'autre.

Quel trésor.pour une jeune fille, qu'une amie comme celle-là ! Comme elle connaît bien les petites vanités d'un cœur de seize ans, les regrets, les retours amers qui suivent une étourderie, une parole indiscrète, toutes ces petites mutineries enfin d'un âge qui se croit permis de tout dire, parce que trop souvent on lui permet de tout faire. Avec quel à-propos elle oppose les joies sérieuses d'une conduite réservée aux plaisirs irréfléchis qui nous préparent parfois tant de déceptions !

Enfin, si elle fait appel à tous les sentiments honnêtes qui doivent toucher l'âme d'une jeune fille, elle a encore le secret d'y intéresser son amour-propre, en élevant le bon exemple à la hauteur d'une leçon de morale.

« Qu'il est bon, lui écrit-elle, de pouvoir se dire : J'ai donné un bon exemple aux jeunes personnes de mon âge ; en rendant la raison aimable, j'ai inspiré à mes compagnes le désir de se rendre aimables par elle. J'ai prouvé aux hommes qui nous entourent que la timidité, la réserve, la décence, sont les plus grands charmes d'une femme, et en leur faisant trouver de l'attrait aux choses honnêtes, j'ai rendu service aux bonnes mœurs. »

VII

Mais peut-être n'est-il pas hors de propos de faire connaître ici cette jeune fille, objet d'une sollicitude si éclairée et si tendre, et dont Mlle Sauvan fut *la première et la dernière amie.*

Le père et sa fille ont tenu trop de place dans la vie qui nous occupe pour que nous puissions passer sous silence un nom qui eut d'ailleurs, en son temps, toutes les faveurs du public.

Flavie Bouilly, cette amie si chère à Mlle Sauvan, était la fille de l'auteur de ce nom, écrivain plein de ressources et d'invention, que M. Ernest Legouvé a remis en lumière, dans une très-spirituelle et très-remarquable conférence sur *l'abbé de l'Épée*, le chef-d'œuvre de Bouilly.

D'une ardeur au travail que rien ne lassait, il appliqua sa prodigieuse facilité à presque tous les sujets, et le théâtre en eut la première, la plus large et aussi la plus belle part.

C'est ainsi qu'il écrivit pour la scène une série de biographies dramatiques qui furent tout de suite accueillies avec la plus grande faveur. Dès 1790, à l'âge de vingt-cinq ans, il faisait représenter un opéra,

Pierre-le-Grand, qui lui valut les applaudissements de la ville et de la Cour. Il est juste de dire que Grétry en avait composé la musique [1].

Bouilly, au seuil de sa carrière littéraire, n'avait donc pas attendu ce premier regard du monde que le talent poursuit quelquefois bien longtemps sans l'obtenir. Dans cette ville immense, qui dévore si rapidement les réputations les mieux justifiées, il sut conserver la sienne et même l'accroître, sans lui faire le sacrifice de son indépendance, cette première dignité du talent. Il l'aimait par-dessus tout et répétait volontiers avec son ami Ducis :

« De moi toujours je fus propriétaire. »

Cette disposition si précieuse et encore si rare parmi les gens de lettres dut contribuer aussi à établir cette profonde et durable sympathie que Bouilly conçut pour Mlle Sauvan. Je ne dirai pas

1. Dans ses *Récapitulations*, ouvrage écrit cinquante ans plus tard, Bouilly parle de cet heureux début avec un charme et une fraîcheur d'impressions qui montrent combien il avait été sensible à ce premier sourire de la renommée. Marie-Antoinette avait voulu voir ce jeune auteur qui donnait de si belles espérances ; elle avait chargé Grétry de l'amener à Versailles, et la jeune Antoinette Grétry dont la reine était la marraine, avait voulu travailler aux préparatifs de cette présentation. Les salons du baron Necker, où se réunissaient toutes les célébrités du temps, s'ouvrirent pour lui, et il y fut même l'objet d'attentions délicates de la part de Mme de Staël, alors dans toute sa fleur de jeunesse et de génie.

qu'il lui en donna le goût; mais il l'y avait rencontré avec bien d'autres qualités de cœur que lui-même possédait et qui en faisaient le meilleur et le plus sûr des amis [1].

1. Bouilly en effet n'était pas seulement un esprit facile et très-cultivé; c'était aussi une nature franche, honnête et bonne; un cœur d'or, ouvert à toutes les infortunes, et parfois singulièrement heureux dans l'emploi de ses bienfaits.

Quand Maria Malibran revint de son voyage d'Amérique, c'est par lui qu'elle voulut être présentée au public parisien. Un concert fut organisé, et le succès qu'elle obtint dans la romance du *Saule* plaça cette cantatrice de génie bien au-dessus de tout ce qu'on avait entendu jusqu'à elle.

Une bonne impression d'enfant, le souvenir d'avoir échappé à une correction de son père, grâce à l'intervention de Bouilly, la ramena vers cet homme excellent, qui l'accueillit comme sa fille, et pour lequel elle-même conserva toujours un attachement presque filial.

Je rappellerai encore un autre fait mémorable et qui doit être à jamais pour lui un titre d'honneur.

Vers l'année 1810, M. L..., de l'Académie française, lui confia, comme à son meilleur ami, l'éducation de son fils, à peine âgé de quatre ans. Accablé de chagrin et poursuivi par le triste pressentiment de sa fin prochaine, il réunit tous ses amis dans une dernière soirée, et au moment le plus animé de la fête, il prend Bouilly à part, l'emmène dans la chambre où dormait son fils, et là, lui fait promettre solennellement de servir de père à cet enfant. Bouilly jura que tant qu'il vivrait, le fils de son ami L... ne serait pas orphelin, et il tint parole.

L'enfant fut élevé au collége Bourbon (et non à Henri IV, comme le dit Bouilly dans ses Récapitulations), où il se montra digne du nom qu'il portait, et il est lui-même aujourd'hui de l'Académie française et l'un des membres les plus brillants et les plus aimés de cette illustre compagnie.

Le jour de la majorité de son pupille, Bouilly lui rendit

De vingt ans plus âgé que Mlle Sauvan, il ne la connut guère qu'en 1804, à Bagnolet, où il avait une maison de campagne. La jeune fille y venait souvent chez une tante qui, dix ans auparavant, avait recueilli toute la famille Sauvan, pendant les jours de la Terreur.

Il ne fut pas longtemps à découvrir tout ce qu'il y avait déjà de distingué et de solide dans cette jeune fille, et dès ce moment-là, il se constitua son maître de littérature.

Faut-il en conclure que l'élève suivit à la lettre tous les conseils du maître? Mlle Sauvan aimait trop le simple et le naturel en tout, pour se faire illusion sur ce qu'il y avait de faux et de fardé dans

exactement ses comptes, et put lui offrir une fortune trois fois plus considérable que celle qu'il avait reçue de son ami. Voilà une tutelle qui fait autant d'honneur à l'intelligence de Bouilly qu'à sa probité. Mais ce n'était pas seulement un ami fidèle et un honnête homme : à l'occasion, Bouilly était aussi un homme courageux, qui ne marchandait pas sa vie pour défendre une noble cause. Écoutons M. Ernest Legouvé qui, dans sa conférence sur l'abbé de l'Épée, en rapporte un trait bien glorieux et bien mémorable. « Sous la Terreur, dit-il, en un jour d'émeute, il s'élança résolûment devant la porte d'une prison, et barra le passage à une bande d'égorgeurs. Atteint au visage d'un coup de pique, il essuya froidement son sang et se contenta de dire au forcené qui l'avait frappé : « Qu'est-ce que cela prouve? Vous n'entrerez pas plus pour cela. » Messieurs, ajoute le spirituel écrivain, quand un homme est capable de telles actions et de dire de tels mots, il en reste toujours quelque chose au bout de sa plume quand il écrit. »

la littérature du premier empire ; et Bouilly, malgré
un réel talent d'écrivain, d'écrivain dramatique surtout, en avait tous les défauts. Peut-être ne s'en
rendait-il pas bien compte lui-même ; mais ce qu'il
y a de certain, c'est qu'il appréciait dans son élève,
la sûreté de son goût, le tour vif, précis et toujours
original de son esprit ; enfin cet amour du vrai
qu'elle portait jusqu'à la passion.

Aussi dès qu'il s'occupa d'ouvrages destinés à la
jeunesse, c'est à Mlle Sauvan qu'il s'en remit du soin
de revoir les manuscrits et de corriger les épreuves.
*Les contes à ma fille, le Portefeuille de la jeunesse,
les Jeunes Femmes,* ouvrage qui lui fut dédié, et
bien d'autres, qui firent la fortune de l'éditeur et de
l'auteur, lui étaient d'abord soumis, et je soup-
çonne fort qu'il y avait bien des branches para-
sites à émonder au milieu de cette végétation trop
hâtive pour avoir la gracieuse simplicité de la nature.

Bouilly ne se fâchait pas des leçons de goût, qui
lui étaient données d'ailleurs avec un tact infini par
celle qui ne l'appelait jamais que « cher maître ».
Mais dominé par ses habitudes de prolixité, et trou-
vant parfois le style de son élève trop sobre, selon
lui, et trop simple dans sa brièveté, il lui disait :
« C'est trop sec, trop nu, trop décharné. Développez,

développez davantage... » et quelquefois il fallait céder.

Quand on compare, en effet, les écrits de Bouilly à ceux de Mlle Sauvan, qui sont « tout suc et moëlle, » on comprend mieux les reproches du maître, sans pour cela cesser de donner raison à l'élève. Le style de Mlle Sauvan est l'image de son âme : ferme, nerveux, concis, sans recherche, sans ornements inutiles, c'est l'application la plus exacte et la plus parfaite du précepte de Fénelon, qui veut que l'expression ne soit que le vêtement de la pensée.

On sent qu'en écrivant, elle ne s'est proposé qu'un but : être utile. Mais ce but, elle le poursuit, elle l'étreint avec une passion si vive et si sincère, que la chaleur de ses sentiments passe dans ses ouvrages, et y répand la grâce, le mouvement et la vie.

Ces rares qualités n'échappaient point à Bouilly, nous croyons même qu'il fut un des premiers, non pas à les découvrir, mais à les faire valoir, à les mettre dans tout leur jour. Jusque-là le mérite de Mlle Sauvan était resté le secret de sa famille et celui de ses amis.

Mais Bouilly était alors un de ces hommes, comme il s'en rencontre dans tous les temps, qui fondent les réputations et dispensent la renommée. Lui-même en jouissait depuis vingt ans, sans que le plus petit nuage en fût venu ternir l'éclat. Personne, d'ailleurs, n'était plus que lui, répandu et recherché. Riche, et ne devant sa fortune qu'à ses œuvres, il en usait sans ostentation, mais avec cette noble indépendance qu'il aimait, parce qu'il ne la tenait que de lui-même.

C'est ainsi que, sans porter ombrage à un gouvernement même ombrageux, il avait pu ouvrir sa maison aux hommes distingués de tous les partis. Mlle Sauvan y avait donc trouvé de bonne heure un milieu et un cadre conformes à son caractère et à ses habitudes d'esprit.

Elle ne tarda pas à s'y faire remarquer par sa raison élevée et le charme sérieux de sa conversation. Réservée, sans être précieuse, elle portait dans son langage, comme dans ses manières, cet air naturellement aisé et distingué qui n'a rien demandé à une grâce d'emprunt.

Chez elle, la bienséance et le devoir règlent les paroles et les actes. On admire, dans cette jeune fille de vingt-deux ans, l'étendue des connaissances et la solidité du jugement; mais ce qu'on n'aime pas moins en elle, c'est la pureté et l'innocence des mœurs; cette candeur charmante, la plus belle parure d'une femme supérieure, et par-dessus tout, ce fond de bonté et d'indulgence qu'on n'attend pas d'un esprit si fin, si délié, si clairvoyant.

Tous ceux qui l'ont connue s'accordent sur ce point. Il n'y a qu'une voix pour louer l'agrément de son commerce, la sagesse de ses conseils, son courage, son dévouement, son inépuisable charité. Les mots de douceur, de fermeté, d'élévation de sentiments, reviennent constamment sous la plume de ceux qui parlent d'elle.

J'ai là le journal de vingt années du baron de Gérando, un homme considérable, un familier de Mme de Staël, et qui eut cependant, comme Bouilly, pour Mlle Sauvan, une tendre vénération. C'est un recueil d'impressions, conservées jour par jour, et qui, venues d'un personnage aussi recommandable, suffiraient, à défaut d'autres témoignages, pour nous édifier sur ce que fut Mlle Sauvan.

J'en donnerai quelques-unes au hasard et sans commentaires : « Chère Mlle Sauvan, que votre commerce me fait de bien ! Voilà ce qui s'appelle réellement exister pour les autres ; voilà un cœur qui sait aimer !

« Soirée avec Mlle Sauvan. Entretien, sagesse et élévation de son esprit. Douce et pure affection. Modèle admirable.

« Mlle Sauvan, cœur chaud en amitié. Sublime lettre de Mlle Sauvan : raison et vertu.

« Entretien avec Mlle Sauvan sur la nécessité des sentiments religieux; intéressants détails, racontés par Mlle Sauvan, sur les sentiments religieux du général Lamarque et sur ses derniers moments. »

Je m'arrête, car il me faudrait tout citer de ce journal, où M. de Gérando semble avoir épuisé toutes les formules de la plus sympathique admiration. On se lasse à redire la bonté et l'esprit, comme on se lasse à redire le génie. Remarquons seulement la mention qui est faite ici du général Lamarque et que je suis heureux de rencontrer ainsi exprimée.

Mlle Sauvan pouvait en effet en parler bien mieux qu'un autre, car elle avait assisté l'illustre soldat, à son heure suprême. Il avait voulu que les dernières consolations lui vinssent de cette fidèle amie, dont la fermeté d'âme et la sagesse l'avaient tant de fois défendu contre les découragements de l'exil.

Il nous reste quelques lettres de ces années-là, où la réaction triomphante poursuivait comme des criminels ces glorieux débris de l'empire. Elles sont parfois navrantes, et soulèvent l'indignation contre ces fonctionnaires qui, par un zèle excessif, insultaient au malheur, et humiliaient un adversaire terrassé pour se venger de leur bassesse ou se faire pardonner leur trahison.

« Vous savez, dit-il à Mlle Sauvan, dans une

lettre datée de St-Sever, 1815, vous savez comment un misérable préfet a commencé à m'exiler de mon toit paternel. Ce coup de pied m'a fait la même impression qu'au lion mourant. C'était le signal d'une bien plus grande iniquité que j'étais loin de soupçonner. »

En effet, chassé avec sa famille du foyer domestique, il est réduit à descendre dans une mauvaise auberge, où l'autorité ne lui permet pas de rester, sous ce prétexte blessant « qu'on ne pourrait pas l'y surveiller. » C'est à ce propos qu'il s'écrie avec un accent douloureux :

« Vous n'avez jamais bu à la coupe des outrages ! Elle est bien amère. Les émigrés, qui sont partout en place, ne les épargnent pas à ceux devant qui ils reculèrent si longtemps. »

Enfin, traqué de ville en ville, il se résigne à l'exil, mais son cœur saigne, à l'idée de cette extrémité, « car il est affreux de quitter son pays, quand on s'est battu vingt-trois ans pour lui, et d'aller mendier un asile chez les nations qu'on a vaincues. »

Malgré une certaine emphase de langage qu'on pardonne au soldat de Caprée, on sent dans ces paroles le souffle d'une âme loyale et fière. Et même, ne font-elles pas déjà penser au député élo-

quent, qui est devenu, grâce aux injustes et hai-
neuses persécutions dont il fut l'objet, un adversaire
redoutable du gouvernement de la Restauration ?

Après avoir exhalé ainsi son indignation, Lamarque revient à des sentiments plus doux, au
charme d'une correspondance intime, où le cœur
s'épanche dans un cœur ami, et qu'on relit dans
ses heures de découragement.

« Je m'étais réservé, dit-il, pour le 13 au soir, un
moment de bonheur. Je relis toutes vos lettres, et
plein de satisfaction et d'espérance, je vous écris
celle-ci. »

Alors oubliant qu'il est désormais proscrit, il se
réjouit d'une fête donnée par Bouilly, où Mlle Sauvan a porté, sans le nommer, « la santé de l'absent ». Il indique même, en passant, le plan d'un
opéra, « qui ferait courir tout Paris, s'il était mis
en œuvre par l'auteur des *Deux journées* [1]. » Et
comme pour s'excuser de ces choses légères, au
milieu de tant de tristesses, il ajoute :

« Ne pouvant être heureux, je voudrais entendre
parler de ceux que j'aime et dont j'admire les talents. Je vous avoue que j'ai toujours placé mon
amour-propre dans mes amis. Vous, par exemple,

1. Bouilly.

je suis fier de vos lettres ; je les lis à tous ceux que
je connais, et mon plaisir est grand quand j'entends
dire : « Mme de Sévigné n'a jamais aussi bien écrit.
Mme de Staël n'a pas un style aussi pur, autant de
délicatesse dans les pensées, autant de bonheur
dans l'expression. »

On comprend que le général Lamarque, dans son
admiration pour Mlle Sauvan, ait pu la comparer
aux deux femmes les plus illustres de notre histoire
littéraire. Mais nous, qui devons en juger avec un
esprit plus rassis, n'ambitionnons pas pour elle un
rang si éclatant, et qu'elle-même, si elle vivait, nous
blâmerait hautement de lui donner. Boileau n'est-il
pas là pour nous en avertir :

« Tel brille au second rang, qui s'éclipse au premier. »

D'ailleurs, pour en juger, il nous faudrait ces lettres dont parle Lamarque, et nous ne les avons pas,
malgré tous nos efforts pour nous en procurer quelques-unes. Mais nous pouvons nous en faire une
idée par celles que nous possédons, et où l'on ne
retrouve ni la libre allure de Mme de Sévigné, ni la
force et la couleur de Mme de Staël.

Laissons donc Mlle Sauvan dans la région
moyenne, qui est celle des bons et solides esprits.
C'est là sa place, le véritable cadre dans lequel

doit être vue, à tous les instants de sa vie, cette femme dont les facultés, admirablement équilibrées, offraient le plus heureux accord de l'imagination et de la raison, de l'esprit et du cœur, avec la religion du devoir et un vif sentiment du bien et du vrai.

Mais l'appréciation du général Lamarque, pour être exagérée, en perd-elle de sa valeur à nos yeux, et n'est-elle pas toujours l'expression sincère de sa profonde sympathie pour Mlle Sauvan? C'est assez pour nous, qui voulons seulement, en rapportant ces divers témoignages, montrer quelle vénération sa personne inspirait à tous ses amis.

VIII

Les tristesses de l'exil ne pouvaient qu'accroître cette sympathie qu'une estime réciproque avait fait naître, et qui recevait alors sa consécration du malheur. Mlle Sauvan avait l'âme trop haute; elle avait trop le culte du dévouement à toutes les infortunes, pour déserter une amitié dont elle se sentait d'ailleurs fière et honorée.

De son côté, Lamarque ne s'y méprenait pas, et il savait bien où il trouverait toujours cette affection pure, désintéressée, qu'on accorde si rarement à

ceux qui sont malheureux. Sa correspondance datée
de l'exil, en offre à chaque page les preuves les
plus touchantes, et il y a certains passages qui
montrent bien que lui aussi, il avait fait son choix,
et qu'il savait à quoi s'en tenir avec ces relations
d'un jour, qui nous font quelquefois illusion sur la
véritable amitié. C'est ce qu'il exprime d'une manière heureuse dans une lettre à Mlle Sauvan, datée
d'Amsterdam 1818.

« Je ne crois pas, dit-il, comme Mme de Staël,
que le malheur diminue en nous l'attachement; mais
je crois qu'il est comme le creuset qui épure les
métaux; que mille goûts qu'on croyait des passions
s'évanouissent ; que les liens de société, qu'on
prenait pour de l'amitié, se brisent, et qu'il ne reste
plus en nous que ces affections pures et profondes
qui deviennent les. éléments d'une autre vie morale. »

Toutes ses lettres à Mlle Sauvan sont empreintes
de cette tendre et vive sympathie qu'il voulut rendre
encore plus intime en donnant le nom de sœur à
cette amie des jours malheureux.

Dans un volume de *Mélanges* qu'il écrivit en exil,
et qui fut imprimé à Paris, en 1818, par les soins de
Mlle Sauvan, je trouve, entre autres hommages à la
même adresse, celui-ci, qui explique bien l'influence

réelle et bienfaisante que cette respectable femme exerçait sur ses amis :

« *A ma sœur, Mlle Sauvan, qui m'a forcé à travailler. J'ai pensé à elle, en écrivant la page 49.* »

Or, la page *49* fait partie d'une lettre justificative, adressée au général Canuel [1] qui prétendait que sa femme avait été arrêtée par les ordres du général Lamarque. Celui-ci s'en défend avec une chaleur et une franchise qui ne peuvent laisser de doute sur sa sincérité, et il termine par ces paroles, qui font en effet penser à Mlle Sauvan :

« Si j'ai signé cet ordre, *si je l'ai transmis*, s'il est sorti des bureaux de mon état-major, j'en demande humblement pardon à madame Canuel.

« Ah ! général, si jamais la main du malheur s'appesantit sur vous ; si jamais vous sentez le terrible vent de l'adversité, qui avait blanchi la barbe du bon roi Henri, vous trouverez tant de femmes courageuses, dévouées, fidèles au malheur, dont la douce pitié vous consolera, dont les soins toujours renaissants seront pour vous une seconde providence, que

---

1. Le même sans doute que celui dont Sainte-Beuve a dit (Causeries du lundi, t. VI, p. 35) : « Le général Canuel, ancien jacobin devenu ultra, peu scrupuleux en moyens, homme ambitieux et sanguinaire, avait tiré parti de quelque conspiration pour en supposer d'autres et organiser la terreur dans le département du Rhône. »

vous ne serez plus étonné de l'empressement que je mets à repousser votre injuste accusation. »

Je regrette de ne pouvoir entrer plus avant dans l'examen de ce livre, aujourd'hui très-peu connu, sans m'éloigner du cadre que je me suis tracé. Il y a des pages d'une vigueur et d'une fermeté dont on est tout à la fois surpris et charmé.

Sa lettre au roi surtout est d'une âme élevée et d'un noble cœur. Elle est simple et digne, fière parfois, comme il convient à un loyal soldat, mais pleine de mesure et de respect pour la personne du souverain. Il est malheureux que Louis XVIII, circonvenu par son entourage, n'ait pu lire cette éloquente justification du général Lamarque, il eût sans doute beaucoup diminué pour lui les rigueurs de sa condamnation.

IX

On voit, par tout ce qui précède, ce qu'était Mlle Sauvan pour les amis qu'elle s'était une fois choisis. Je tenais à m'arrêter sur ce côté de son caractère pour la faire mieux connaître dans l'ordre des choses du cœur, où elle eut véritablement sa couronne.

« La vraie grandeur de l'homme est dans le

cœur, » disait Mme de Lambert à son fils, en lui conseillant de négliger celle de l'esprit. Nous avons vu, dans une lettre à Flavie Bouilly, que c'était aussi l'avis de Mlle Sauvan, qui eut les deux sans y prétendre. Mais elles étaient si naturellement et si étroitement unies; l'une donnait à l'autre tant de charme et tant de prix, que cette double supériorité exerçait un ascendant irrésistible et qu'on était heureux de subir.

C'est par toutes ces qualités élevées et solides, que Mlle Sauvan conquit toute jeune l'estime et l'amitié des personnages les plus distingués de son temps. D'ailleurs, la position de fortune de ses parents se prêtait alors à ces relations honorables, dont la fidélité ne se démentit pas, quand l'heure des épreuves vint pour cette famille, qui avait jusque-là vécu riche et heureuse.

Nous ne dirons pas par quelle fatalité douloureuse, elle fut, dans ces années-là, réduite à un état voisin de la pauvreté. Nous n'en parlons ici que pour rappeler l'époque où Mlle Sauvan dut changer sa tranquille existence contre une autre moins facile, mais qui allait devenir pour elle l'occasion de mettre en œuvre toutes ses rares facultés. C'est ainsi que les âmes énergiques se retrempent par où d'autres se laissent abattre et se découragent.

X

C'est vers l'année 1811 que survint ce grand changement dans la vie de Mlle Sauvan. Elle avait par conséquent vingt-sept ans, et elle était prête pour les devoirs nouveaux et multiples que le malheur lui imposait d'une manière si inattendue. Elle les accepta tous avec une ardeur de dévouement qui ne peut être comparée qu'à l'intelligence qu'elle mit à les remplir.

Mais le temps pressait; de graves intérêts réclamaient une décision prompte et conforme à sa condition, à ses aptitudes et à ses goûts. En un mot, il s'agissait pour elle de se créer une position nonseulement en rapport avec ses connaissances, mais aussi avec les besoins impérieux et lourds d'une famille nombreuse, qui avait été surprise par cette brusque ruine.

A cette époque, il était difficile de choisir. La carrière des professions libérales, aujourd'hui encore si peu accessible aux femmes, était alors presque fermée. Il fallait des miracles d'activité et d'énergie pour s'y faire une place honorable; et encore n'y arrivait-on qu'après de longues années d'un labeur persévérant, et Mlle Sauvan ne pouvait pas attendre.

Pour nous qui l'avons vue si bien à sa place dans les fonctions d'inspectrice des écoles, il nous est peut-être difficile de comprendre aujourd'hui qu'elle ait pu hésiter sur le choix d'une carrière. Nous ne pouvons nous la représenter autrement que vouée à l'éducation des enfants. L'enseignement n'était-il pas sa voie naturelle et tout indiquée par la tournure de son esprit, son savoir étendu, et même par les relations distinguées qu'elle s'était faites dans des jours plus heureux? Cependant elle eut des heures d'incertitude douloureuse, avant de s'arrêter à sa véritable vocation, et même nous devons dire qu'elle y fut amenée à son insu.

Son père, sur le conseil de quelques amis, acquit, sans lui en parler, une maison d'éducation qui se trouvait à Chaillot. Il mit là les derniers débris de sa fortune, qui pouvait s'élever à une quarantaine de mille francs. A peu près dépeuplée d'élèves — il en restait, je crois, huit — cette maison ne valait guère que le matériel. C'est de ce pensionnat abandonné que Mlle Sauvan fit bientôt la première institution de la capitale. En achetant cet établissement, M. Sauvan n'avait eu d'autre pensée que de réunir tous les siens dans une même tente et sous le même toit; son espoir ne fut pas trompé.

Restait à subir l'examen professionnel auquel Mlle Sauvan n'avait jamais songé. Mais la variété de ses connaissances, ses aptitudes remarquables pour l'enseignement, ne pouvaient que lui rendre très-facile cette épreuve décisive. Elle s'y présenta avec le calme et la réserve qu'elle apportait partout, et l'à-propos de ses réponses montra que sa place serait plutôt parmi ses juges que sur la sellette du candidat. Cet examen fut plus qu'un succès : ce fut une révélation.

XI

L'institution, placée sous une pareille direction, ne tarda pas à se relever et à se remplir. Une de ses anciennes élèves, aujourd'hui veuve d'un général, savant illustre, a bien voulu nous communiquer quelques-unes de ses impressions de jeune fille. Elles ne remontent pas au début de Mlle Sauvan dans l'établissement, mais elles n'en sont pas moins précieuses pour nous, car elles nous donnent bien la physionomie de cette maison restée si chère, que le souvenir, après cinquante ans, en est encore vivant chez toutes les personnes qui ont eu le bonheur d'y être élevées.

« Les plus grandes familles, nous dit-on, étaient désireuses de confier à cette femme supérieure l'éducation de leurs filles. Vénérée des parents et chérie des élèves, elle eût pu assurer sa fortune, si, non contente de faire vivre dans une grande aisance toute sa famille, elle n'avait encore accepté gratuitement comme élèves, des jeunes filles qui, frappées par des revers de fortune, s'adressaient à son inépuisable bonté, à son infatigable dévouement. »

Le cœur de Mlle Sauvan se retrouve ici tout entier : les pauvres étaient déjà ses enfants. Rare exemple de désintéressement, et qu'en matière d'éducation, on ne saurait trop exalter et admirer !

On se plaît à se représenter cette femme au milieu de ses élèves, pour qui elle est moins une institutrice qu'une mère adoptive. Elle en est aimée et elle les aime ; mais elle les aime de cet amour éclairé et vigilant, qui ne perd jamais de vue les intérêts de leur avenir. La pensée qui inspire et dirige tous ses actes, c'est, avant tout, leur perfectionnement moral, parce que, selon elle, c'est le moyen unique qui les conduira sûrement au bonheur.

Aussi ne la verrons-nous jamais sacrifier un seul de ses devoirs au plaisir d'être aimée de ses élèves. « L'affection, dit-elle, dans son *Cours normal*, attire l'affection ; mais si précieuse que soit pour vous celle de vos élèves, il ne faut pas l'acheter par la faiblesse, et la crainte de la perdre ne doit jamais faire cesser de la mériter. »

Il y a de la hauteur d'âme et une certaine dignité à entendre ainsi l'attachement. Elle veut bien, et avec raison, qu'une institutrice ait l'amour de ses élèves, mais elle n'en sépare pas l'estime, d'où naissent la considération et le respect. Citons d'ailleurs les conseils qu'elle donne pour arriver à ce résultat si désirable. Aussi bien méritent-ils d'être rappelés ici, parce qu'ils ont pour eux la double autorité de l'expérience et de la raison.

« La première disposition, dit-elle, pour bien élever les enfants, c'est de les aimer, c'est d'avoir tout à la fois de l'indulgence pour leurs défauts et un ardent désir de les en corriger. La pensée de ce qu'elles seront un jour vous donnera la force de combattre ces mêmes défauts. Un retour vers votre enfance vous les fera supporter avec une patiente indulgence. Dans l'éducation, *il faut sans cesse prévoir et se souvenir;* sans une tendresse profonde pour vos élèves, sans un intérêt continuel pour leur bonheur, et par conséquent pour leur amélioration, vous seriez découragées dès les premiers pas; mais l'attachement rend tout facile.

« Cependant, aimer les enfants ne suffit pas; il faut

obtenir leur respect, leur estime et leur affection.
Une conduite irréprochable devrait suffire pour inspirer le respect ; mais aux yeux des enfants, ce n'est
pas assez ; il faut y joindre une supériorité marquée :
vous avez celle de la position, celle de l'instruction ;
ajoutez-y celle du caractère ; soyez au-dessus de
toute faiblesse, de toute petitesse, de tout intérêt
personnel ; dominez-vous, pour pouvoir dominer les
autres. »

Dans cette page saisissante de raison et de bon
sens pratique, il y a de ces mots heureux qui tra-
hissent une connaissance bien profonde et bien réfléchie de l'enfance. Ainsi : « *Dans l'éducation, il
faut sans cesse prévoir et se souvenir.* »

Pouvait-on exprimer en moins de mots un des
principes les plus importants de l'art d'enseigner ?
Quel est le professeur qui n'a pas à se reprocher d'a-
voir manqué de prévoyance ou de mémoire, à l'é-
gard de ses élèves ? On est trop disposé à ne voir en
eux que des êtres soumis et même inconscients. On
ne songe pas assez que ces enfants, qui sont, pour
ainsi dire, livrés à notre discrétion, seront un jour
des hommes qui nous jugeront sévèrement, si nous
avons failli à notre tâche ; si nous n'avons pas suivi
avec un soin jaloux le développement graduel de
leurs facultés ; si nous n'avons pas contribué de tous

nos efforts, par notre enseignement et par notre exemple, à leur avancement dans la voie du bien ; enfin si nous ne les avons pas suffisamment préparés au sérieux travail de la vie.

Or, Mlle Sauvan était profondément pénétrée du sentiment de tous ces devoirs ; elle en avait le culte passionné, et elle le pratiquait avec la dernière rigueur.

« Levée à cinq heures du matin, nous dit l'ancienne élève que nous avons déjà citée, elle consacrait sa journée tout entière à ses élèves ; elle surveillait leurs études, dirigeait leur esprit, formait leur cœur par des entretiens élevés, toujours intéressants. Aussi sa présence dans les salles d'études occasionnait-elle un frémissement de bonheur parmi toutes ces jeunes filles. Enfin elle nous avait inspiré un si profond et si durable attachement, que nous n'aurions pu vivre heureuses, si nous en avions été privées. »

Précieux témoignage que la pratique du monde et l'expérience de la vie ont laissé intact dans sa naïveté et sa vivacité d'expression !

Que faisait donc Mlle Sauvan pour exercer un pareil ascendant sur ses élèves, pour conjurer sinon l'oubli, au moins l'indifférence, et fixer à jamais dans ces jeunes cœurs le sentiment si rare d'une reconnaissance que le temps n'a pas diminuée? On nous l'a dit : levée la première et couchée après les élèves, elle présidait à tous les travaux de la journée, et y entretenait ces habitudes d'ordre et de discipline, qui sont, là comme ailleurs, les premières conditions du succès.

Il y avait en elle tant d'élévation de caractère et une dignité si naturelle, qu'elle pouvait se mêler aux détails les plus vulgaires de la surveillance, sans y laisser jamais rien de son autorité ni de la vénération qu'elle inspirait. Grâce à cette intervention active et incessante dans toutes les branches de l'éducation, elle y portait l'unité qui était en elle, et leur communiquait, avec la chaleur de son âme, cet air de bonheur qui faisait des récréations une fête, et de l'étude, un exercice plein d'attrait.

On désirait sa présence comme celle de la meilleure amie. Sa parole, empreinte d'une gravité affectueuse, avait pour tout le monde un bon conseil, un encouragement, quelquefois même une anecdote intéressante et racontée avec cet esprit fin et délicat qui donnait tant de charme à ses entretiens.

Mais plus on l'aimait, plus on craignait de lui déplaire; et l'on savait que la moindre infraction au devoir ne trouvait jamais grâce à ses yeux. Aussi les élèves qui avaient quelques reproches à se faire, tremblaient-elles en sa présence ; car un mot de blâme de *bonne amie*[1] était redouté comme la plus dure punition.

Mlle Sauvan a dû se souvenir des heureux effets de sa direction, quand elle écrivait dans l'ouvrage que nous avons déjà cité :

« Si les élèves vous aiment, elles craindront de perdre votre affection ; si elles vous respectent, elles craindront votre blâme ; si elles vous estiment, elles craindront votre justice. Livrez-vous donc au plaisir de les voir heureuses en votre présence ; que votre aspect soit serein, que votre accueil soit affectueux, pour qu'elles vous abordent avec confiance ! Que la contrainte ne vienne pas les contrister ! Enfin, que votre bonté habituelle vous donne le droit d'être sévères à propos, et que cette sévérité soit toujours la punition d'un tort et non une disposition de votre humeur. »

Mlle Sauvan savait que le bonheur est, pour toutes les facultés, comme un rayon de soleil pour les fleurs : il les ouvre, il les réchauffe ; il leur donne la vie et le parfum.

_____

1. C'est ainsi que les élèves appelaient Mlle Sauvan.

XII

L'enseignement de Mlle Sauvan, est-il besoin de le dire, n'était pas inférieur à son système d'éducation : substantiel, précis, d'une simplicité lumineuse, animé souvent par des comparaisons vives et inattendues, il s'emparait des intelligences les plus rebelles et y laissait des impressions fortes et durables.

Les plus anciennes élèves en parlent avec admiration. C'est qu'elle avait le secret de se rendre maîtresse de l'oreille et du cœur. Elle captivait l'attention par la variété et la solidité de ses leçons toujours merveilleusement appropriées à l'âge auquel elles s'adressaient, et sans chercher à émouvoir, elle rencontrait l'émotion par l'expression naturelle des sentiments élevés qui remplissaient son âme.

Mais le plus souvent, et c'est là ce qui faisait l'excellence de son enseignement, elle amenait l'élève, par des questions graduées, à se mettre en scène, à « gouster les choses, à les choisir et discerner » d'elle-même, ainsi que le veut Montaigne, avec lequel Mlle Sauvan est si souvent d'accord.

Grâce à une connaissance exacte du caractère de ses élèves et de la portée de leur esprit, elle se contentait de les guider, de les précéder ou de les suivre, « quelquefois leur ouvrant le chemin, quelquefois le leur laissant ouvrir. »

Mais complétons cette citation de l'auteur des *Essais* qu'il est difficile de ne pas rencontrer, en parlant de l'enseignement de Mlle Sauvan.

« Il est bon, dit-il, que le maistre face trotter le disciple devant luy, pour juger de son train, et juger jusques à quel poinct il se doibt ravaller pour s'accommoder à sa force. A faulte de ceste proportion, nous gastons tout, et de là sçavoir choisir et s'y conduire bien mesuréément, c'est une des plus ardues besongnes que je sçache ; et est l'effet d'une haulte âme et bien forte, sçavoir condescendre à ces allures puériles et les guider. »

Mlle Sauvan avait l'âme assez *haulte* et assez *forte* pour comprendre et pour pratiquer ces admirables préceptes qu'on croirait écrits par un homme qui a passé sa vie à élever des enfants. J'oserai même ajouter qu'elle était assez bien douée pour trouver d'elle-même cette méthode, qui est l'unique, la vraie et la bonne, puisque, avec elle, on forme en même temps l'esprit et le cœur, réunissant ainsi deux choses, qui n'ont de valeur qu'à la condition de n'être jamais séparées : l'éducation et l'instruction.

Que faut-il donc penser de ces hommes qui viennent nous dire dans un langage absolu et tranchant, à propos de l'enseignement primaire :

« L'instruction, c'est l'État qui la doit, l'éducation, c'est la famille qui la donne ? »

Sans doute, il serait à désirer que l'éducation de la famille pût, je ne dis pas remplacer celle de l'école, mais seulement lui venir en aide. Il y aurait un double enseignement moral dont les élèves recueilleraient de précieux avantages. Mais les parents, qui envoient leurs enfants dans les écoles gratuites, en ont-ils le temps, et l'eussent-ils, en ont-ils le pouvoir ? Tout ce qu'il faut souhaiter pour cette malheureuse condition, c'est que, dans les trop rares loisirs que laisse un travail sans merci, le foyer domestique n'offre à ces jeunes âmes, si facilement ouvertes à toutes les impressions, que des exemples salutaires, que l'image de cette paix intérieure qui puise sa force dans les conseils de la religion et dans le sentiment de tous les devoirs acceptés et remplis.

On ne parlera jamais assez de la puissance du bon exemple sur l'imagination impressionnable de l'enfant. Que de grands hommes, nés dans l'indigence, lui ont dû tout ce qu'ils sont devenus ! Le souvenir de ces jours, où l'on fut « si heureux et si malheureux » revient nous visiter à nos heures de découragement, et quand notre volonté hésite et chancelle dans le bon chemin, c'est encore lui qui la relève et semble nous dire : en avant. On entend, dans le recueillement de son cœur, cette voix qui nous parle à travers les années, et son langage est si doux, qu'il nous fortifie contre les chagrins et les déceptions de la vie. Souhaitons donc, pour les enfants pauvres, qu'ils trouvent dans la famille l'autorité de l'exemple et le bienfait des bonnes habitudes, et laissons à l'école le soin de faire le reste.

Mlle Sauvan, elle aussi, revient sans cesse sur l'efficacité du bon exemple, et l'on sent qu'elle le recommande, non-seulement comme le résultat abstrait de l'expérience, mais comme l'expression de son état intérieur, comme la leçon que donne sa vie tout entière.

Est-ce à dire maintenant que la séparation de l'éducation et de l'instruction s'appliquerait plus facilement aux enfants des classes moyennes, où les parents, bien élevés eux-mêmes, comprennent tout le prix de l'éducation et s'en occupent? C'est assurément un appoint inestimable, et dont les résultats ne peuvent être qu'excellents, mais il ne suffit pas, et ne saurait, en aucun cas, autoriser les maîtres, au moins pour les études élémentaires, à se renfermer dans les étroites limites d'un programme qui ne peut tout dire. Plus l'enseignement descend, plus le niveau de l'instruction s'abaisse, et plus il est indispensable de développer en même temps les facultés morales et celles de l'esprit. Tout n'est que sentiment et impressions chez l'enfant, et ce n'est guère que par là qu'on arrive peu à peu à lui faire comprendre les choses d'un ordre plus élevé et d'une intelligence plus difficile.

« L'éducation, dit Mlle Sauvan, facilitera beaucoup l'instruction : les vertus du cœur et les heureuses dispositions du caractère aident au développement de l'intelligence, et aplanissent bien des obstacles : l'enfant reconnaissant sera docile ; l'enfant docile sera attentif, et le savoir est toujours, tôt ou tard, le résultat de l'attention. L'instruction, dit-elle encore, est le complément de l'éducation : c'est l'éducation de l'esprit. »

C'est ainsi que nous serons toujours sûrs de rencontrer cette admirable institutrice dans la voie des plus excellentes doctrines et des meilleures méthodes d'éducation. Ennemie déclarée des innovations hasardées, elle écoute les leçons de l'expérience, elle consulte les indications de la nature, et marche ensuite d'un pas ferme et assuré vers le but suprême de ses efforts : le bien en tout, le bien partout.

XIII

On s'explique aisément qu'avec des dispositions si rares dans la direction de son pensionnat, Mlle Sauvan ait pu relever rapidement une maison dépeuplée et y attirer jusqu'à cent élèves internes, nombre prodigieux pour cette époque, où la société n'avait pas encore pris le goût de ce genre d'éducation.

Il n'y avait guère alors que les grandes familles qui sentissent le besoin de faire instruire leurs filles. Partout ailleurs, l'instruction était regardée comme un luxe inutile et même dangereux, dont les hommes étaient seuls capables de se servir avec avantage.

D'ailleurs Talleyrand, dans son rapport, lu à l'Assemblée nationale le 11 septembre 1791, n'avait-il pas dit que l'éducation des filles, comme celle des enfants de six à sept ans, doit être confiée aux soins de leurs mères? Il est juste d'ajouter qu'il ne faisait guère qu'affirmer ce qui s'était pratiqué jusqu'alors.

Une ignorance profonde fut donc longtemps le partage de toute une moitié de la population. La

)i de 1833, quelques rapports éloquents à la Cham-
re des Pairs, et par-dessus tout, le progrès des
sprits, ont fini par ramener l'attention sur la né-
essité de s'occuper également de l'instruction des
eux sexes.

L'institution Sauvan fut donc bientôt comme le
ntre de tout ce qu'il y avait, dans la société
risienne, de jeunes filles distinguées par la for-
ne et par le rang, si bien qu'en changeant de
sition, Mlle Sauvan eut le bonheur, non-seule-
ent de ne pas changer des relations qui remon-
ient à des jours meilleurs, mais encore de les
croître et d'en resserrer les liens par des services
uveaux.

Il lui en eût coûté d'ailleurs de rompre avec ce
oix d'amis, dont la plupart portent un nom illus-
, et qui entretenaient dans son cœur, avec le
uvenir d'une famille honorée, l'illusion d'une jeu-
sse heureuse.

« Le soir, nous dit Mme P..., lorsque toutes les
ves reposaient paisiblement dans leurs dortoirs,
s la surveillance des maîtresses, Mlle Sauvan,
rès avoir tout vu encore une fois, rentrait chez elle
recevait ses amis. » C'était Lafayette, Lamarque,
paty, Vitet, Bouilly, Patin, et beaucoup d'autres,
i aimaient, dans cette femme supérieure, l'indé-

pendance du jugement et l'habitude d'avoir son avis en toute matière, ne voulant jamais l'imposer, mais le disant simplement, franchement, « sans se laisser éblouir par la gloire du général ni par le talent de l'orateur. »

C'est au moment, nous dit encore Mme P..., où Mlle Sauvan, aimée, respectée, entourée, jouissant de la position qu'elle s'était créée, se trouvait heureuse enfin par le bien qu'elle répandait autour d'elle, que des raisons de famille l'obligèrent à quitter cette maison d'éducation qu'elle aimait, et à rentrer dans la vie privée. »

Tout en respectant le mystère qui couvre la brusque retraite de Mlle Sauvan, il est, je crois, un fait qui peut servir à l'expliquer, en partie du moins, et qu'on ne doit pas craindre d'affirmer hautement, parce qu'il est tout à l'honneur de cette femme généreuse. Dans son âme élevée et libérale, elle ne comptait pas assez, nous l'avons dit, avec les intérêts matériels. Chez elle, l'esprit était toujours la dupe du cœur. Sans parler des lourds sacrifices de famille qu'elle avait acceptés avec un dévouement héroïque et une tendresse vraiment maternelle, Mlle Sauvan ne savait jamais résister à l'attrait d'une bonne œuvre à faire. Elle eût volontiers conservé gratuitement toutes ses élèves, pourvu qu'elles

ıssent sages et studieuses ; c'était un titre suffisant
ses yeux. Que de jeunes filles ont fait ainsi leur
ducation chez elle, et à qui elle n'a jamais demandé
utre chose ! Elle semblait née pour élever les
auvres. De là des charges, volontaires, il est vrai,
ıais très-onéreuses, auxquelles toute son intelli-
ence et son activité ne purent suffire, parce
ıu'elles épuisaient ses ressources sans lasser sa
harité.

Mlle Sauvan se retira donc pauvre d'une maison
ıù d'autres se sont enrichis avec des éléments de
ortune beaucoup moindres.

C'est vers ce même temps, en mars 1828, qu'elle
ıut le chagrin de voir mourir Flavie Bouilly, cette
ımie des jours heureux, et qu'aucune autre ne
ıourra désormais remplacer dans son cœur.

Bouilly a consacré le souvenir de ce douloureux
ıvénement dans ses *Récapitulations*, et il y fait
ıême allusion dans une lettre à Mlle Sauvan que
ıous allons transcrire ici :

« Quand vous aurez à chercher, dit-il, dans cette
immense Récapitulation historique, le nom d'une
femme qui, par son mérite et sa profonde connaissance du cœur humain, *a pu contribuer à la perfection et au succès de l'ouvrage de son ancien maître,*
cherchez le nom de la sainte que vos amis célèbrent

aujourd'hui, et vous aurez une juste idée de cette personne chérie et distinguée. »

On pourrait assurément désirer plus de simplicité dans l'expression des sentiments qui se montrent ici. Néanmoins cette lettre nous est précieuse à plus d'un titre ; car, avec le témoignage qu'elle nous apporte d'un attachement de quarante ans, elle nous en fournit un autre tout spontané et sincère, qui vient confirmer ce que nous avons dit plus haut de la part que l'élève prenait dans la composition des ouvrages du maître.

Enfin, nous lui devons aussi de nous avoir donné l'idée de chercher dans quelle circonstance le nom de Mlle Sauvan avait dû être rappelé dans les *Récapitulations*. Voici ce que nous avons trouvé à la page 419 du 3e volume. Il s'agit des derniers moments de Flavie Bouilly.

« Son dernier soupir venait d'être recueilli par Mlle Sauvan, notre fidèle amie, dont la force d'âme et le généreux dévouement ne peuvent être comparés qu'au mérite éminent qui la distingue. Elle avait passé la nuit auprès de l'agonisante, la préparant à se séparer de tout ce qu'elle aimait sur la terre, par tout ce que la piété peut offrir d'espérances et de résignation. L'ayant connue et aimée dès sa plus tendre enfance, elle fut à la fois sa première et sa dernière amie, titre que nous donnâmes, ma femme et moi, à ce modèle des cœurs dévoués, et que nous écrivîmes au bas du portrait de notre enfant, et dont nous lui fîmes l'hommage comme un gage de notre éternelle reconnaissance [1]. »

Nous ajouterons encore à ce récit un détail qui nous paraît être l'expression suprême de l'attachement de cette malheureuse jeune femme pour son amie.

Quelques minutes avant de rendre le dernier soupir, sa respiration était si faible que Mlle Sauvan voulut s'assurer si le cœur battait encore, et si la vie ne s'était pas retirée : « Il bat encore pour toi, » lui dit la mourante, et ce furent ses dernières paroles.

Maria Malibran paraît aussi, à cette heure douloureuse, pour consoler le malheureux père dont Flavie était l'unique enfant. « Oh ! regardez-moi bien, lui dit-elle avec cette voix pénétrante que ne sauraient oublier ceux qui l'ont entendue, n'est-ce pas que vous êtes encore père ? »

Elle avait raison ; car Bouilly lui avait servi de père, à ce moment décisif, où même les talents de premier ordre ont besoin d'un appui et d'un guide pour être connus et jugés.

1. On voit encore ce portrait dans le salon de Mesdemoiselles Sauvan.

Quelques jours après, par une attention des plus délicates, elle écrivait au bas du portrait de Flavie Bouilly, peint par Robert-Lefèvre :

« Ne pleure pas, elle n'est qu'endormie. » [1]

On me pardonnnera, j'espère, ces détails qui sortent un peu de mon sujet. En les rappelant, j'ai voulu montrer quelle perte Mlle Sauvan venait de faire dans la personne de Flavie Bouilly. Combien les consolations d'une telle amie lui auraient été nécessaires, au moment où elle quittait cette institution qui lui devait sa prospérité, et où elle avait pu faire tant de bien !

Elle accepta encore cette double épreuve avec le courage que donnent une conscience pure et une foi profonde, et pleine de soumission aux volontés de Dieu, elle attendit, dans le silence de la retraite et de l'étude, que la Providence eût décidé de sa nouvelle destinée.

---

1. Je lis encore, dans un recueil inédit de Bouilly, que « Maria Malibran, le lendemain d'une représentation d'Othello où, dans le rôle de Desdemona, elle avait été couverte de couronnes, alla elle-même en déposer une sur la tombe de Flavie. » Quelle belle âme dans un si beau génie!

DEUXIÈME PARTIE

LE COURS NORMAL

I

Nous venons de montrer Mlle Sauvan dans les traits principaux de son caractère, de son esprit et de son talent. Suivons-la donc dans la voie nouvelle qui va s'ouvrir devant elle : c'est là que viendront se réfléchir, comme en un foyer lumineux, toutes les grandes qualités que nous lui connaissons.

En 1828, époque où elle quitta son institution, Mlle Sauvan avait quarante-quatre ans. Il était bien tard pour recommencer une carrière et pour fondre quelque chose d'heureux et de durable. Certes, tout autre qu'elle eût pu se laisser aller au découragement, et accepter la position précaire que des circonstances malheureuses lui avaient faite. Mais Mlle Sauvan était alors dans toute la maturité et l'épanouissement de ses facultés. Elle n'avait fait qu'essayer ses forces dans la direction de cette maison où elle laissait, en se retirant, des traces si profondes de sa bienfaisante administration.

Les dix-sept laborieuses années qu'elle y avait passées, loin d'être une halte dans sa vie, avaient été au contraire pour elle une préparation féconde à des fonctions qui devaient marquer sa place au premier rang dans l'œuvre de l'éducation des filles. En élevant les enfants des riches, elle avait mieux compris combien il est indispensable qu'on s'occupe aussi des jeunes filles pauvres, de celles qui n'auront pour toute fortune dans la vie, que le produit d'un travail incessant et leur vertu.

Elle sentait qu'il y avait là un grand devoir à remplir, et qui répondait parfaitement à tous les besoins de son cœur. Il ne restait plus qu'à trouver par quel moyen elle pourrait mettre au service d'une si belle cause, sa haute expérience et un dévouement qui ne connut jamais les calculs mesquins de l'intérêt personnel.

Mais il est rare que l'occasion de faire le bien ne

s'offre pas d'elle-même à une âme qui la cherche
si sincèrement. Aussi Mlle Sauvan n'eut-elle pas à
l'attendre longtemps.

II

A cette époque, c'est-à-dire, vers 1831, il y eut
une espèce de réveil en faveur de l'éducation populaire à Paris et même dans le reste de la France.
Les personnages les plus recommandables et les
plus haut placés dans l'opinion l'avaient prise sous
leur patronage. C'était Boulay de la Meurthe, de Gérando, Cochin, Francœur, Jomard, de Lasteyrie,
l'abbé Gauthier, etc, qui, presque tous, faisaient en
même temps partie du Comité central et de la
société pour l'Instruction élémentaire, dont ils étaient
les fondateurs.

La vertu et les lumières semblaient s'être ren-
contrées dans cette rare réunion d'hommes, dont le
souvenir est resté cher au cœur des Parisiens
Chacun apportait sincèrement à l'œuvre commune
sa part d'expérience et de savoir ; et si parfois les
avis se partageaient sur des questions de méthode,
il y avait toujours un point qui les réunissait tous,

c'était la nécessité de donner la religion pour base à l'instruction des classes indigentes.

On eût été mal venu de parler de morale civique à des hommes profondément convaincus, et avec raison, qu'en dehors de la morale évangélique, il n'y a pas d'éducation possible. Et en effet, que restera-t-il aux pauvres déshérités de ce monde, si vous leur ôtez l'idée religieuse, cette philosophie du peuple, comme l'appelle très-bien V. Cousin?

Il faut une foi dans la vie. L'homme qui gagne péniblement le pain de chaque jour, a besoin de la religion, parce qu'il a besoin d'espérer. Si elle lui manque, il s'égare, il se déprave et devient bientôt l'instrument des plus détestables convoitises.

Qu'aurait pensé Mlle Sauvan, en voyant la municipalité d'une grande ville de France formuler ainsi son programme d'éducation populaire?

« Dieu, c'est l'hypothèse et le sacrifice. *Nous lui signifions son congé ;* et avant tout, *nous le bannissons de l'Ecole,* car c'est de l'école que doit sortir l'émancipation et la délivrance. La génération nouvelle ne doit connaître ni Dieu, qui est le tyran, ni le prêtre, qui est l'agent de la servitude. »

Mlle Sauvan n'a pas assez vécu pour entendre ces déclamations insensées. Ne le regrettons pas. Elles auraient attristé ses derniers jours, comme elles ont attristé tous les hommes qui pensent que l'heure de la ruine sonnerait pour une société qui *bannit Dieu de l'École et lui signifie son congé.*

Des philosophes d'une autre valeur que ces coryphées de l'athéisme, en ont jugé autrement, et c'est leur témoignage que nous aimons à rappeler : « La religion, disait Bacon, est l'aromate nécessaire qui empêche la science de se corrompre. » Et Bossuet n'écrivait-il pas, à propos d'éducation : Il n'y a rien de meilleur que ce qui est éprouvé. »

Or, ce qui est éprouvé dans l'art d'élever la jeunesse, ce n'est pas la morale de tel ou tel penseur, c'est la morale divine, la morale de Celui qui a dit : « Laissez venir à moi les petits enfants. »

N'en cherchons pas d'autre, et conservons précieusement les trop rares parcelles de sentiment religieux qui existent encore dans les âmes, car, ainsi que l'a dit un éloquent évêque : « La religion ne nous menace pas, elle nous manque. »

III

Mais ces funestes doctrines n'osaient pas, en 1830, s'affirmer avec le cynisme que nous leur avons vu depuis ; du moins, l'Ecole était alors un sanctuaire

dont elles n'auraient pas franchi le seuil impuné-
ment. Les hommes respectables qui en étaient les
gardiens, recueillis dans une généreuse association,
protégeaient la jeunesse pauvre contre ces influen-
ces malsaines, en se partageant les soins importants
d'une surveillance et d'un enseignement qui s'éten-
daient à tous les objets de l'éducation.

C'est ainsi que M. de Gérando avait été choisi
par ses collègues, d'accord avec le préfet, pour
faire un cours de morale à l'usage des jeunes instituteurs. C'était bien la part la plus délicate et la
plus difficile, comme aussi la plus décisive pour la
valeur et les destinées de l'enseignement primaire.
Mais on savait M. de Gérando à la hauteur de cette
tâche, et le recueil de ses conférences, qui a été
publié sous le titre de *Cours normal*, est un de ses
meilleurs ouvrages ; il prouve que le Comité central
n'avait pas trop présumé des forces de cet homme
de bien.

Mlle Sauvan nous a conservé le souvenir de ces
conférences, en expliquant l'origine du cours qu'elle
fut elle-même chargée de faire aux élèves-maîtresses;
nous ne saurions mieux faire que de la citer :

« Le désir, dit-elle, de propager les bonnes méthodes décida jadis l'établissement du cours normal
pour les intituteurs et pour les intitutrices primaires ;

mais ce bienfait restait incomplet tant qu'on le res-
treignait à l'instruction, tant qu'on ne l'étendait pas
à l'éducation, qui est encore d'une plus haute importance.

— Un homme dont toutes les actions ont pour but
l'intérêt général, M. le baron de Gérando, a été
frappé des graves inconvénients que pouvait avoir
cette lacune et les a signalés. M. le préfet de la Seine
a adopté les vues de M. Gérando. Il a accepté ses
offres désintéressées, et l'a chargé de faire un cours
de morale à l'usage des élèves-maîtres.

Éprouvant autant de sollicitude pour l'éducation
des femmes que pour celle des hommes, l'autorité désirait que M. de Gérando adressât aussi des instructions aux élèves-maîtresses; mais ses nombreuses
occupations ne lui ayant pas permis de joindre cette
tâche à tant d'autres tâches, M. le préfet chargea
Mlle Sauvan de le remplacer. »

Nous sommes bien obligés d'ajouter ce que la
modestie de Mlle Sauvan lui fait passer sous silence :
c'est qu'elle ne fut pas tout de suite chargée officiellement de ces conférences. La Ville ne pouvait
imposer un emploi qu'elle ne rétribuait pas. Elle ne
prodiguait pas alors les millions pour ses écoles,
comme elle le fait aujourd'hui. Cinq cent mille francs
étaient portés au budget municipal pour cet objet,

elle ne les dépassait pas ; les libéralités privées faisaient le reste. Il est juste de dire que les écoles étaient incomparablement moins nombreuses et aussi moins coûteuses avec le mode mutuel, le seul pratiqué dans les établissements laïques, et le seul rétribué régulièrement.

Mlle Sauvan, à la prière de M. de Gérando, qui avait pour elle une si vive et si sympathique estime, prit donc l'initiative d'un cours normal à faire aux élèves-maîtresses, et elle le fit gratuitement du 31 mai 1831 au 1er janvier 1835.

Nous avons là un arrêté de cette époque, qui la désigne, pour ces fonctions, et aussi une lettre du préfet, comte de Bondy, que nous voulons citer, parce qu'elle fait autant d'honneur au talent de Mlle Sauvan qu'à son désintéressement. La voici :

« Mademoiselle, M. le baron de Gérando m'a remis un exemplaire du cours que vous avez bien voulu professer en faveur des élèves-maîtresses de l'Ecole normale élémentaire.

« En accordant à M. de Gérando votre concours pour faire participer les élèves-maîtresses aux instructions qu'il se propose de donner aux élèves-maîtres, afin de les diriger dans l'éducation physique, morale et intellectuelle de leurs élèves, vous avez acquis de véritables titres à la reconnaissance des institutrices et des enfants qui seront confiés à leurs soins.

« Permettez-moi, Mademoiselle, de vous en féli-
citer et de vous prier d'agréer mes sincères et bien
vifs remerciements pour la mission que vous avez
remplie avec autant de zèle que de talent auprès de
l'Ecole normale élémentaire. »

IV

Ce cours que Mlle Sauvan venait d'inaugurer avec
tant de distinction, lui attira de toutes parts les
témoignages les plus flatteurs d'estime et de sympathie. C'est qu'en effet, on n'avait pas encore placé
si haut l'importance de l'éducation des filles dans
l'instruction primaire. On n'avait pas encore établi
d'une manière aussi évidente que l'art *d'élever* la
jeunesse est infiniment plus difficile et plus nécessaire que celui de *l'instruire*. On n'avait pas dit surtout, et prouvé avec éloquence, que l'éducation des
jeunes filles pauvres est digne de la plus sérieuse
attention, précisément parce qu'elles sont pauvres,
et que les principes d'une morale sévère, comme les
bonnes habitudes prises à l'école, seront leur unique
fortune et leur premier bien.

Il suffit cependant de réfléchir au rôle important

de la femme au foyer domestique, pour se convaicre qu'on ne saurait accorder trop de sollicitude à ces premiers soins dont Mlle Sauvan a fait un admirable enseignement. « L'avenir d'un enfant, a dit Napoléon 1ᵉʳ, est l'ouvrage de sa mère, » et il avait raison. Une bonne mère est le premier instituteur de ses enfants, et j'ajoute qu'il en est le meilleur. C'est le maître d'une morale toujours écoutée, parce qu'elle s'impose par l'exemple encore plus que par la voix.

Malheureusement, cet enseignement, qui laisse dans une jeune âme des traces ineffaçables, subit nécessairement les alternatives de l'humble condition où il se donne. Les enfants des écoles appartiennent à des parents qui se doivent à un rude et incessant labeur, et les pauvres mères se voient trop souvent arrachées aux soins de cette chère éducation. Les filles surtout ont à souffrir de cette cruelle nécessité. Qui donc alors, si ce n'est l'institutrice, continuera l'œuvre de la mère absente ? Mais la jeune fille qui n'a que son mince brevet d'institutrice en est-elle capable ? Souvent elle-même, sans aucune expérience de la vie, saura-t-elle préparer ses élèves à l'immense tâche qui les attend ?

« Si le brevet est la garantie de l'instruction, a dit très-justement M. Gréard, l'instruction n'est pas toujours la garantie de l'aptitude professionnelle ni de la moralité. Et dans l'enseignement primaire surtout, qu'est-ce que le savoir, si l'on n'y joint la connaissance pratique des méthodes qui serviront à le transmettre et les qualités de caractère qui peuvent seules en assurer, dans l'esprit des enfants, les bons effets. »

Mlle Sauvan avait senti de bonne heure l'insuffisance de ce brevet, et sa gloire est d'avoir su la première y ajouter un enseignement grave, sérieux, élevé, qui s'adresse au cœur encore plus qu'à l'esprit, et quis uppose, pour être compris et pratiqué, toutes les qualités morales qu'on désire d'une bonne institutrice, d'une institutrice accomplie.

Voilà ce qu'on ne saurait trop rappeler, en parlant de cette époque de la vie de Mlle Sauvan. C'est là son plus beau moment, parce que c'est celui où elle crée une œuvre qui n'existait pas encore, à laquelle même nul n'avait songé, et qui vient si à propos, qu'elle semble tout de suite indispensable à ceux qui se sont le plus occupés de l'éducation des femmes.

Jusque-là, on avait agi avec le personnel des écoles de filles comme si le brevet impliquait toutes les aptitudes et toutes les garanties ; Mlle Sauvan, elle, reprend ce travail, pour ainsi dire en sous-œuvre, et montre que l'art d'élever les enfants est plus étendu et plus complexe ; que l'instruction et l'éducation sont deux choses très-différentes, mais qui doivent marcher de front et se prêter un mutuel appui; enfin, que pour réussir dans cette double tâche, il faut s'appuyer sur la puissance de la religion, sur l'autorité de l'exemple et sur les bonnes habitudes.

M. de Gérando, dans son discours d'ouverture du Cours normal pour les élèves-maîtresses, a parfaitement défini le caractère, l'importance et le but de cette heureuse innovation. Citons en les passages que Mlle Sauvan nous a conservés.

« C'est en se dévouant à la culture des enfants pauvres, a-t-il dit, que l'on fait une œuvre méritoire, agréable à Dieu, utile à la société. Les riches trouvent assez de gens qui s'occupent d'eux; mais les enfants des classes indigentes sont abandonnés à eux-mêmes; leur avenir dépend entièrement de la culture que vous donnerez à leur facultés intellectuelles, de la direction que vous imprimerez à leurs facultés morales. Dieu les a créés aptes à la vertu et au travail : c'est à vous qu'appartient l'importante mission d'achever, en quelque sorte, l'œuvre du Créateur.

« Cette mission vous est conférée par l'autorité, qui en fait une sorte de magistrature; par les familles, qui vous transmettent leurs pouvoirs sacrés; par la

société, qui s'en repose sur vous pour ses plus
chers intérêts.

« En effet, en vous confiant l'instruction et l'éducation d'un grand nombre de jeunes filles pauvres,
on remet entre vos mains toutes les espérances de
plusieurs générations ; car l'effet salutaire de vos
conseils ne se bornera pas aux jeunes filles qui les
recevront : plus tard, elles deviendront épouses et
mères de famille ; leur influence agira sur leurs
maris ; elles feront germer dans le cœur de leurs
enfants les principes que vous aurez fait germer
dans leurs cœurs. Le laboureur qui ensemence un
champ, ne prépare-t-il pas ainsi une semence qui
se reproduit sans cesse pour féconder d'autres
champs ? »

Il était difficile de placer plus haut les fonctions
de l'instituteur. Représentant de Dieu et de la
famille, il en continue, il en achève l'ouvrage, et
prépare ainsi l'enfant à la société qui l'attend pour
le traiter en homme.

Telle fut la pensée générale du discours de M. de
Gérando, le jour où Mlle Sauvan prit la direction du
Cours normal, jour mémorable dans sa vie, si l'on
songe qu'il lui ouvrit une carrière où, pendant près
de quarante ans, elle n'a pas interrompu une seule
fois ces conférences, qu'elle a enrichies de tout le

travail de son existence, de toutes les ressources de son talent.

Nous n'avons pas tout de ces leçons, empreintes d'un jugement si ferme et si droit, d'une morale si élevée et si pénétrante. On ne les retrouverait même pas entières dans la mémoire des femmes qui les ont entendues et pratiquées, tant est fugitive et éphémère la parole humaine, alors même qu'elle est l'écho des pensées les plus généreuses. Courtes années du professeur, qui voit, comme l'orateur, des âmes sympathiques se grouper un moment autour de sa chaire, pour se séparer ensuite et ne plus se rencontrer jamais !

Un livre heureusement nous reste, *le Cours normal*, où la personne de Mlle Sauvan se réfléchit dans toute l'austère et sereine beauté de sa vie. C'est là qu'il faut véritablement la chercher et l'étudier, qu'il faut suivre cette lumière égale et douce qui veillait en elle, et qui rayonne à chaque page de son œuvre, pour éclairer et pour guider les vocations hésitantes, en face des fonctions laborieuses de l'enseignement.

V

Ce qui fait du *Cours normal* un livre à part, et même une date dans l'histoire des progrès de l'ins truction primaire, c'est la composition même de l'ouvrage, si admirablement approprié à l'enseignement qu'il inaugure, et dont il fixe le but et les limites.

Dès les premières lignes, nous sommes avertis de l'importance du sujet. Il s'agit des dispositions nécessaires à « une maîtresse de classe. »

« Elever et instruire, dit l'auteur, est une tâche qui suffit à l'occupation de toute une vie, à l'emploi de toutes les facultés. »

Je vois un accord merveilleux entre cette manière d'envisager les fonctions d'institutrice et la conduite constante de Mlle Sauvan. C'est qu'elle ne recommande jamais que ce qu'elle pratique elle-même avec bien plus de rigueur encore qu'elle ne l'a exigé de ses subordonnées. Toutes les qualités réclamées pour une maîtresse de classe, forment, réunies, un idéal achevé, dont elle fut la plus parfaite image. Il n'en est pas une dont elle n'ait offert l'exemple et le modèle. De là l'autorité qui s'attache à ses leçons, et l'heureuse influence qu'elle exerça si longtemps sur le personnel des écoles de Paris.

Elle est si convaincue de l'efficacité du bon exemple, qu'elle va jusqu'à dire qu'une institutrice peut créer les vertus en les pratiquant. Aussi, aucun sacrifice ne lui coûte, quand il s'agit de l'intérêt supérieur auquel elle a voué sa vie. Elle sait trop que « dans cette honorable carrière, la distraction d'un devoir ne doit se trouver que dans l'accomplissement d'un autre devoir. »

Nous avons vu que, grâce à ses heureuses dispositions pour les arts, elle pouvait même y trouver une carrière honorable; cependant, elle y renonça absolument, parce que « les occupations les plus innocentes cessent de l'être, quand elles emploient le temps réclamé par des occupations obligatoires. »

On aura beau s'élever contre l'austérité de tels préceptes ; il n'est pas moins vrai qu'ils s'imposent à la conscience et à la raison, et que tôt ou tard, il faudra les pratiquer, si l'on tient à l'estime de soi-même et du monde.

Les fonctions de l'enseignement, en effet, ne sont pas de celles qu'on peut prendre et laisser à volonté : pour les bien remplir, il faut s'y donner tout entier.

« L'attrait si doux des relations de l'amitié, l'attrait si puissant des relations habituelles de la famille, tout devra être sacrifié. » Et comme toujours, Mlle Sauvan donne à ses recommandations l'autorité de l'exemple. On le savait; sa vie de chaque jour en était un témoignage éclatant. Aussi jamais personne ne songea-t-il à se plaindre de la sévérité de ces principes.

Elle était attendue un jour dans la famille de Gérando qu'elle aimait presque autant que la sienne, et où son souvenir est encore aujourd'hui conservé avec une pieuse vénération. Ses plus chers amis s'y étaient réunis à son intention, et sa présence devait y être accueillie comme une fête. Cependant l'intérêt de ses écoles l'appelle ailleurs : il n'y a pas à hésiter.

« Il m'eût été doux, écrit-elle, de passer quelques heures en famille ; mais le devoir parle, il faut l'écouter. Après la séance de la Sorbonne, qui ne finira qu'à cinq heures et demie, il faut se rendre à l'Hôtel-de-Ville, où s'assemblera ce soir la commission des livres et méthodes dont je fais partie ,et où ma présence est nécessaire. Cette commission se réunira à sept heures et ne se séparera guère avant dix heures. Regrettez-moi un peu ; parlez de moi à tous ceux avec lesquels j'aurais été heureuse de me trouver ; que mon souvenir soit au milieu de vous, et dites-vous bien que je m'associe à tous vos sentiments. »

C'étaient là les sacrifices qui lui coûtaient le plus dans sa vie si occupée. Elle les sentait vivement, et trouvait toujours, pour se les faire pardonner, de ces mots charmants qui augmentaient encore le tendre attachement qu'on avait pour elle.

Voici comment elle termine une lettre à Mme de Gérando [1], dont elle avait un peu négligé la correspondance :

Adieu, ma chère fille. Il me semble qu'en recevant ce billet, vous direz que ce n'était pas la peine de vous faire tant attendre pour si peu ; mais le Sauveur du monde appréciait le denier de la veuve, et je suis sûre qu'elle n'était pas plus pauvre d'argent que je le suis de temps. »

On lui tenait compte de sa bonne volonté, et l'on continuait à l'aimer, en la respectant encore davantage, parce qu'on savait que, chez elle, le besoin d'accomplir son devoir l'emportait sur tout le reste. C'était son inclination naturelle, sa passion dominante, irrésistible, la règle unique de sa conduite.

Aussi, voyez comme son style s'anime ; comme il prend de la vigueur et de l'énergie quand elle parle du devoir, qui est au fond le sujet de tout son livre :

« Vous croyez que vous ne serez occupées que

---

1. Belle-fille de M. de Gérando père.

pendant un temps donné : c'est une erreur qu'il importe de détruire. Si vous comptez rigoureusement avec votre place, vous ne la remplirez pas bien. Vous accomplirez à la hâte des occupations acceptées ; désireuses de vous livrer à d'autres travaux, vous ne ferez pour vos élèves que ce qui sera strictement nécessaire, et *pour faire assez, il faut faire trop.* »

A-t-on jamais exprimé d'une manière plus saisissante tout ce qu'il y a d'impérieux et d'obligé dans les devoirs de l'enseignement ? Et comme pour justifier cette formule qui pourrait paraître excessive à certains esprits, elle se met à énumérer toutes les charges qui incombent à une institutrice consciencieuse et dévouée à ses fonctions.

« Le travail prévu fera naître des travaux inattendus : vous aurez des surveillantes à former, des comptes à rendre à l'autorite, des États à dresser, des registres à tenir, des explications à trouver, des leçons à préparer. »

Il semble que la série des devoirs devrait s'arrêter là ; elle peut, en effet, suffire à l'emploi d'une journée. Cependant Mlle Sauvan va plus loin, et personne n'est en droit de la trouver trop exigeante quand elle ajoute :

Si, comme nous n'en doutons pas, vous vous intéressez véritablement à vos élèves, pourrez-vous leur rester étrangères dans les heures que vous ne consacrerez pas à leur instruction ? N'aurez-vous pas à rendre à leurs parents des services qui vous donneront sur eux un ascendant que vous ferez tourner au profit de leurs enfants ? Si ces enfants retrouvent jusque dans la maison paternelle des traces de votre bienveillance pour eux, ils vous en aimeront davantage, et plus vos élèves vous aimeront, plus vous aurez d'influence sur elles, et par conséquent, plus vous aurez de moyens de les améliorer.»

Ce qui nous frappe tout d'abord dans ces lignes, c'est que la morale de Mlle Sauvan est toute pratique et nullement pessimiste : *Si comme nous n'en doutons pas...* »

Elle suppose toujours à ceux qui l'écoutent les vertus qu'elle veut leur inspirer. Elle s'efforce de leur persuader qu'ils sont dévoués, pour obtenir qu'ils le deviennent; qu'ils ont les qualités nécessaires à leurs fonctions, pour qu'ils les acquièrent. Elle sait d'ailleurs qu'on ne relève pas l'homme à ses yeux en l'humiliant. Elle veut qu'on ait de la fierté, et elle la recommande, en ayant grand soin de la distinguer de l'orgueil, qui « est notre plus grand ennemi, puisque par la bonne opinion qu'il nous donne de nous-mêmes, il met un obstacle à notre amélioration. »

Puis elle continue, en vrai moraliste, à signaler les tristes conséquences de l'orgueil : « Il nous rend insupportables aux autres, parce qu'il froisse à tout instant la même disposition que nous pourrions rencontrer en eux; il forme un contre-sens ridicule avec une condition obscure et souvent dépendante; il est surtout dangereux pour les femmes, par l'empire qu'il donne sur elles à qui sait les flatter; enfin, il est en opposition manifeste avec l'humilité chrétienne, à laquelle nous devons rappeler incessamment nos élèves. Combattez-le donc, mettez tous vos soins à le détruire ; mais respectez la fierté; cherchez même à la faire naître : la fierté et le travail sont, après la prière, les meilleurs gardiens de la vertu chez les femmes. »

On voit que l'analyse d'un vice devient toujours sous sa plume l'occasion d'une vérité qui nous frappe par la justesse et l'énergie de l'expression. Nous n'avons pas à faire remarquer ce qu'il y a d'ingénieux et de bien trouvé dans cette distinction de l'orgueil qu'elle condamne et qu'elle flétrit, en le séparant de la fierté, qui est encore de l'orgueil, mais de l'orgueil permis, légitime et même salutaire, parce qu'il est le principe le plus actif de toute dignité et de toute indépendance.

Mais ces réflexions ne doivent pas nous faire

perdre de vue d'autres recommandations, qui ont aussi leur prix. Mlle Sauvan ne veut pas que la sollicitude de l'institutrice s'arrête aux élèves : il faut que les familles mêmes en ressentent les bienfaits. En les étendant jusqu'à elles, on double son influence et ses moyens d'action par l'estime qu'on inspire autour de soi, et dès lors, l'éducation des enfants devient l'œuvre commune de l'école et du foyer domestique.

C'est aussi le conseil que donne Rousseau dans son *Émile* :

« Vous ne serez point maître de l'enfant, dit-il, si vous ne l'êtes de tout ce qui l'entoure ; et cette autorité ne sera jamais suffisante, si elle n'est fondée sur l'estime et la vertu. Il ne s'agit pas d'épuiser sa bourse et de verser l'argent à pleines mains; je n'ai jamais vu que l'argent fît aimer personne. Il ne faut point être avare et dur, ni plaindre la misère qu'on peut soulager; mais vous aurez beau ouvrir vos coffres, si vous n'ouvrez aussi votre cœur, celui des autres vous restera fermé. C'est votre temps, ce sont vos soins, vos affections, c'est vous-même qu'il faut donner. »

« Si vous voulez travailler efficacement à l'amélioration de vos élèves, dit à son tour Mlle Sauvan, il faut vous donner tout entières à elles; il ne faut rien réserver de vous-mêmes. »

Elle se rencontre donc encore ici avec l'auteur de
l'*Émile;* mais ce qui lui donnera toujours, à elle,
une véritable supériorité, c'est que ses préceptes ne
sont pas infirmés d'avance par l'aveu de son impuissance à les mettre en pratique; ils sont au contraire,
en conformité parfaite avec sa vie; c'est l'expression
pure et simple de son état intérieur, de cet idéal de
dévouement et de sacrifice, qui n'a connu ni les
mauvais effets de l'habitude ni les défaillances de
l'âge.

Elle avait plus de quatre-vingts ans, qu'on la voyait
encore suffire à tous ses devoirs avec une activité et
une rigueur qui trouvaient bien souvent de plus
jeunes qu'elle en défaut. C'est ainsi qu'en toute saison, et dès cinq heures du matin, elle allait seule,
fort loin, et sans vouloir être accompagnée, faire
son cours aux institutrices. Ses nièces n'étaient pas
sans inquiétude, en la sachant dans les rues de Paris,
l'hiver surtout, à une pareille heure; et un jour
qu'elles lui en exprimaient leurs craintes d'une
manière encore plus pressante et plus tendre,
Mlle Sauvan leur répondit : « Rassurez-vous, mes
enfants, Dieu me garde. » Cela fut dit avec un accent
si pénétrant et si convaincu, qu'elles cessèrent désormais leurs instances, partageant la pleine et entière
confiance de leur tante en « Celui qui protége le

brin d'herbe dans la tempête et veille au berceau des grandes choses. »

Plus nous avancerons dans l'étude qui nous occupe, plus nous reconnaîtrons que la vie de Mlle Sauvan fut, jusqu'à la fin, l'exact et digne commentaire de ses écrits.

Avant elle sans doute, mais pas mieux qu'elle, on avait parlé des devoirs d'une institutrice et des dispositions qu'il faut développer chez les jeunes filles ; mais où trouverait-on une femme, qui ait, dans une si longue carrière, pratiqué rigoureusement tout ce qu'elle recommande ; qui, après avoir donné le précepte dans ses leçons, en offre constamment l'exemple dans sa conduite ; qui, avec les dons les plus rares pour briller dans le monde, ait préféré la société des enfants pauvres, pour les relever par l'éducation ; enfin qui ait voulu, par inclination, une existence laborieuse, austère, pleine de sacrifices, quand ses habitudes et ses relations l'appelaient ailleurs, c'est là, je crois, un fait unique et qu'on ne saurait trop rappeler, si l'on veut juger sainement le livre et l'auteur.

Aussi ne rencontre-t-on pas, dans le *Cours normal*, de ces théories abstraites qui vont se perdre dans les régions de l'idéal. Tout ce qu'elle conseille est d'une application facile, pourvu qu'il se trouve des femmes assez dévouées pour le pratiquer.

Parle-t-elle de l'éducation ? « Veillez, dit-elle, à ce que votre conduite ne détruise pas l'autorité de vos discours. » Toute l'influence d'une institutrice doit puiser sa force dans le bon exemple qu'elle donne à ses élèves. Et comme il s'agit d'enfants pour la plupart indigentes, elle recommande scrupuleusement la simplicité dans la tenue et dans le régime de vie.

« Ne donnez pas le spectacle de l'opulence, quand vous voulez faire supporter avec patience les privations qu'impose la pauvreté : soyez conséquentes avec vous-mêmes ; et par réflexion autant que par bonté, abstenez-vous de mettre sous les yeux de vos élèves les choses agréables qu'elles ne sont pas destinées à posséder. Faites-vous pauvres, puisque vous vivez avec des pauvres. »

Excellent conseil qui malheureusement n'est pas toujours suivi. Outre qu'une toilette recherchée peut exciter la coquetterie des élèves ; que des repas trop délicats éveillent chez elles des idées de gourmandise, Mlle Sauvan y voit encore une autre conséquence tout aussi fâcheuse, et qu'elle présente avec une grande finesse d'observation :

« Il y a, dit-elle, même dans les meilleurs cœurs, une sorte de personnalité un peu barbare, qui fait que l'on supporte mieux des privations que les autres partagent ; et la révolte contre ceux qui sont plus heureux que nous est malheureusement dans le cœur humain. »

Mais ce que Mlle Sauvan recommande par-dessus tout et particulièrement aux institutrices ; ce qui sera pour elles-mêmes une sauvegarde et pour les familles la meilleure des garanties, c'est une piété sincère :

« Si vous voulez réussir, fondez votre système d'éducation sur la puissance de la religion, sur l'autorité de l'exemple et sur les bonnes habitudes. »

Elle est si convaincue de la nécessité de la religion dans l'œuvre de l'éducation, qu'on en retrouve la trace partout : c'est le souffle qui circule à travers toutes les pensées de son livre.

Cependant, malgré l'ardeur de sa foi, on sent que l'esprit évangélique a passé par là : Mlle Sauvan est profondément chrétienne, mais sa morale est large et généreuse comme celle du Christ, comme celle d'une personne qui faisait sa lecture habituelle de l'Imitation.

« Respectez toutes les croyances, dit-elle ; gardez-vous de l'intolérance, et ne mettez pas plus de bornes à la bonté de Dieu que vous n'en mettez à sa puissance. »

Ce qu'elle déteste par-dessus tout, ce qu'elle

flétrit avec toute l'énergie de sa franchise, c'est l'hypocrisie ; ce sont les Pharisiens de tout bord et de toute robe.

« Conduisons-nous comme si nous étions toujours sous les yeux de nos élèves ; soyons tout ce que nous désirons qu'elles soient un jour ; soyons tout ce que nous voulons leur paraître, car on ne réussirait pas à paraître constamment ce qu'on ne serait pas, la prudence et la précaution se démentent tôt ou tard : on ne saurait imiter toujours la vertu ; il est moins difficile, plus sûr et plus profitable de l'acquérir que de la feindre. »

Mlle Sauvan se rencontre ici, comme en beaucoup d'autres endroits, avec Fénelon, auquel elle est digne d'être comparée dans les choses de l'éducation.

« Qu'y a-t-il de plus doux, dit-il, et de plus commode, que d'être sincère, toujours tranquille, d'accord avec soi même, n'ayant rien à craindre ni à inventer ? Au lieu qu'une personne dissimulée est toujours dans l'agitation, dans les remords, dans le danger, dans la déplorable nécessité de couvrir une finesse par cent autres. Avec toutes ces inquiétudes, les esprits artificieux n'évitent jamais l'inconvénient qu'ils fuient : tôt ou tard, ils passent pour ce qu'ils sont. Si le monde est leur dupe sur quelque action détachée, il ne l'est pas sur le gros de leur vie : on les devine toujours par quelque endroit. »

Voilà bien, avec les différences que le caractère a mises dans l'expression, ce même amour de la vérité, de la franchise, de la sincérité, qui se traduit parfois sous la plume de Mlle Sauvan, de la manière la plus énergique et la plus heureuse.

Elle en a fait l'objet d'un chapitre, et ce n'est certes, ni le moins utile, ni le moins intéressant. D'abord elle est « convaincue qu'un système d'éducation fondé sur la religion et sur la confiance doit conduire l'enfant à dire la vérité. »

Et en effet, il n'y a guère que ces deux moyens de combattre victorieusement ce penchant à mentir qu'ont presque tous les enfants. L'enfant pieux pensera que Dieu l'entend et le voit, qu'il est le témoin de ses moindres actions, et il s'efforcera d'être irréprochable dans sa conduite. C'est là encore un des précieux avantages de la religion dans l'éducation. Confiant dans la sagesse de ses maîtres, il n'osera les tromper : la crainte d'être découvert lui commande la franchise, lors même que l'affection ne lui en ferait pas un devoir.

Comme toujours, Mlle Sauvan a donc placé le remède à côté du mal, et ce remède n'a rien de violent, rien que la dignité humaine ne puisse accepter et avouer : il est préventif; il vise seulement à rendre le mensonge inutile.

Puis, elle étudie, elle poursuit le mensonge sous toutes ses formes, en l'expliquant pour l'excuser quand il est excusable, et elle ne se montre réellement sévère que pour le calomniateur qu'elle appelle « un assassin moral. » Tel est le nom dont elle flétrit celui qui ment par méchanceté.

« L'enfant, dit-elle, qui a commis cette faute sciemment, volontairement, a mérité la plus grande des punitions, car il a commis la plus grande de toutes les fautes. »

Cependant elle ne veut pas encore qu'on l'abandonne entièrement au châtiment qu'il s'est attiré : « Tâchez de rappeler dans son cœur quelques sentiments de bonté et de justice; si vous l'avez touché, son repentir sera fructueux, il réparera; s'il ne répare pas, n'en attendez plus rien, c'est un enfant méchant. »

Pour cette âme si parfaitement droite et bonne, la méchanceté est le signe de tous les vices. Et en effet, quelle prise un maître peut-il avoir sur un cœur fermé à la bonté ? « C'est le cœur qui fait tout, » a dit La Fontaine, et après lui, Vauvenargues, avec non moins de raison : « Les grandes pensées viennent du cœur. »

VI

Si Mlle Sauvan est impitoyable pour la méchanceté, la bienfaisance au contraire et la bonté la ravissent : « Ce sont des vertus vraiment célestes, qui partagent avec Dieu le plus divin de ses attributs. »

Mais il paraît bien difficile que celui qui n'a rien, qui lui-même attend tout de la bienfaisance et de la bonté de ses semblables, puisse se montrer bon et bienfaisant.

« Hélas ! reprend l'auteur, on trouve toujours ici-bas plus misérable et plus malheureux que soi. M. de Gérando nous dit, dans son *Visiteur du pauvre*, qu'il n'y a pas de riche qui ne puisse recevoir, qu'il n'y a pas de pauvre, qui ne puisse donner. »

Cependant la bienfaisance n'est qu'un effet de la bonté, cette vertu maîtresse que « Dieu seul peut donner, » dit Fénelon. Alors il faut « tâcher de l'exciter par des exemples généreux, par des maximes d'honneur et de désintéressement, par le mépris des gens qui s'aiment trop eux-mêmes. »

Où la bonté de Mlle Sauvan aime à s'exercer ; où elle se montre de préférence, c'est à l'égard

de ces pauvres enfants disgraciées de la nature,
et qui semblent humiliées d'une difformité physique,
comme d'une faute qu'elles auraient commise. « On
se plaint souvent de leur caractère, dit-elle ; on le
trouve difficile, acariâtre... je le crois bien : affligée,
rebutée sans cesse, l'enfant se retire en elle-
même, son caractère s'aigrit, ses moyens se para-
lysent, et on la punit bien souvent des défauts
qn'on lui a donnés. »

En pareil cas, la conduite d'une institutrice est
tout indiquée, et celles qui sont vraiment pénétrées
du sentiment de leurs devoirs, chercheront à relever cette enfant aux yeux de ses compagnes ; elles
s'appliqueront à découvrir ce qu'il y a de bon en
elle, à le faire valoir dans toutes les occasions, et
en ramenant au bien une élève découragée, elles
auront donné elles-mêmes un exemple de bonté
dont toute la classe profitera.

Que de fois, dans ses inspections, Mlle Sauvan
a pratiqué ce qu'elle recommande ici ! J'en veux
citer un exemple entre beaucoup d'autres.

Elle se présente un jour dans une classe, au moment de l'instruction religieuse. C'était de toutes
les parties de l'enseignement primaire, celle qui lui
semblait le plus propre à faire naître les sentiments
de piété, d'obéissance, de résignation, qu'il faut

surtout développer dans le cœur du pauvre. Après avoir interrogé plusieurs élèves qui répondaient médiocrement, l'inspectrice s'adresse, à dessein, à une enfant toute contrefaite, et qu'elle savait le sujet des railleries de ses compagnes.

La pauvre enfant, d'abord intimidée, rougit, se déconcerte et balbutie quelques mots inintelligibles. Mais Mlle Sauvan lui parle avec bonté, la rassure, la remet doucement sur la voie, et enfin en obtient des réponses qui font l'étonnement de toute la classe.

A partir de ce jour, l'estime et même la sympathie revinrent à cette malheureuse enfant qu'on avait jusque-là rebutée et humiliée. Les égards qu'on eut pour elle s'augmentèrent encore d'une tendre compassion pour cette difformité qui avait d'abord éloigné d'elle ses compagnes. On lui trouva une foule de qualités que la vue de son infirmité avait empêché de découvrir et que la bienveillance de l'inspectrice avait mises en lumière; et enfin, l'élève elle-même subit, dans son caractère, les effets de cet heureux changement et devint une des meilleures élèves de l'école.

De tels résultats, dûs tout entiers à l'indulgence et à la bonté, ne sont pas rares dans la vie de Mlle Sauvan, et les personnes qui en ont été témoins ne les ont pas plus oubliés, non plus que les leçons d'histoire qu'elle improvisait dans une heure d'inspection.

On peut en prendre une idée assez exacte au chapitre qui a pour titre *de l'Éducation*.

C'est toujours sous la forme de conseils que ces leçons lui échappent, pour montrer tout le parti qu'une bonne institutrice peut tirer des enseignements de l'histoire, de l'histoire sainte surtout, qui, malgré le merveilleux qui s'y mêle, et peut-être, à cause du merveilleux même, offre tant d'applications à la vie ordinaire, tant de circonstances où la puissance divine intervient en faveur du faible contre le fort, de l'opprimé contre l'oppresseur , du bien contre le mal.

Ce qui fait encore le charme de ces conseils, d'un style à la fois ferme et si simple, toujours approprié au sujet, c'est le ton de conviction émue, de foi sincère et naïve qui les anime.

J'en retrouve l'impression dans une lettre de M. Cochin, à la date de 1835. On sait que cet homme, digne de tous les respects, avait pour Mlle Sauvan, la plus tendre et la plus vive admiration. Voici ce qu'il lui écrit précisément à propos des passages auxquels j'ai fait allusion :

« Je connaissais votre livre, pour l'avoir lu chez

Mme D... mais je vais le relire en entier. Ce matin, j'en ai lu trente pages ; les phrases guillemetées des pages 28, 29 et 30, m'ont provoqué des larmes de surprise et d'attendrissement, surprise, soit dit ici, pour le sentiment qu'on éprouve par la ressemblance extraordinaire d'un portrait. »

On lira plus bas le portrait dont M. Cochin veut parler. On y rencontre, en effet, bien des traits de ressemblance avec Mlle Sauvan ; nous n'avons pas besoin d'affirmer qu'elle ne les y a pas mis avec intention. Elle conseille à ses institutrices d'inspirer à leurs élèves l'amour de leur condition. Il s'agit de préparer de pauvres jeunes filles à la vie laborieuse qui sera leur partage.

« Prouvez-leur, dit-elle, par des exemples saints, que les indigents sont les bien-aimés de Dieu. » Et aussitôt elle appuie ce conseil de l'exemple le plus heureusement choisi, d'une page détachée de la vie de la Vierge.

Citons cette page qu'on ne pourrait abréger sans la défigurer.

« Quand Dieu veut donner un sauveur au monde, est-ce d'une reine qu'il le fait naître ? Non : c'est d'une jeune fille pauvre, laborieuse, vivant du travail de ses mains, mais respectueuse de ses parents, charitable pour les infortunés, soumise sans mur-

mure à l'obscurité de sa condition ; sage, modeste, fuyant les regards des hommes, servant Dieu, et ignorant dans son humilité les vertus qu'elle pratique.

« Après l'avoir choisie et bénie entre toutes les femmes, Dieu la place-t-il dans un palais, sur un trône? Lui donne-t-il des richesses, de beaux vêtements et des esclaves pour la servir? Non, il la laisse dans la classe qu'il préfère à toutes; il lui donne pour époux un simple charpentier, et Marie et Joseph continuent à travailler.

« Jésus vient au monde dans une étable ; Jésus est élevé parmi tous les enfants des pauvres artisans ; il ne se distingue que par sa douceur, sa piété et sa soumission pour ses parents, sa sagesse prématurée et la régularité de sa vie.

« Tant qu'il est sur cette terre, il reste pauvre et travaille ; il est méconnu, calomnié, méprisé; et de cette ignominie, il passe à une gloire si éclatante, qu'il n'y a pas de termes assez magnifiques pour la peindre, et à une félicité si durable, que le mot éternité suffit à peine pour donner la mesure et la garantie de sa durée. »

Tout commentaire serait inutile et ne ferait qu'altérer la charmante simplicité de ce récit, où l'intention morale est visible et se fait sentir partout, sans qu'on puisse la séparer des faits, auxquels elle ajoute encore du mouvement, de la couleur et de la grâce. Je ne crois pas qu'on ait jamais fait un plus fréquent et pourtant plus heureux emploi de la religion dans l'éducation.

VII

Ce n'est pas Mlle Sauvan qui conseillerait d'attendre qu'un enfant eût quinze ans pour lui parler de Dieu, précepte funeste qui conduirait tout droit à l'incrédulité.

A quinze ans, un enfant commence déjà à vouloir raisonner, et on ne raisonne pas avec le surnaturel : il faut l'accepter, comme on accepte tous les phénomènes qui frappent notre imagination, et dont la cause réelle nous échappe. « Mais, disent les partisans de cette doctrine, vous rapetissez Dieu, en le faisant apparaître dans toutes nos misères. »

Comme si c'était amoindrir l'Être suprême que de proclamer sa puissance et ses bienfaits ! Est-ce qu'un grand homme de bien cesse pour nous d'être digne de tous les respects, parce qu'on nous a raconté souvent tout ce qu'il a fait de bon et d'utile pour l'humanité ? Et n'est-ce pas, au contraire, au récit de ses belles actions, que s'augmentent pour lui notre estime et notre vénération?

« Le Sauveur, dit le P. Girard, est le modèle sur lequel nous devons former nos élèves, et, pour qu'ils puissent l'imiter, il faut bien qu'ils aient appris à le connaître, et que son souvenir les accompagne dans la vie. »

Mlle Sauvan a donc raison — et en cela elle est d'accord avec le P. Girard et bien d'autres — quand elle dit :

« Il ne faut pas craindre de prodiguer Dieu, en le faisant intervenir dans tous les détails de la vie. Ce qui empêche qu'un enfant aime Dieu, c'est, dit-on, qu'il ne le connaît pas. Eh bien, faites qu'il le connaisse ; faites qu'il l'aime, et il le craindra bien assez. Il faut montrer Dieu secourable et compatissant aux malheureux et aux faibles, qui ont besoin d'appui et de consolation. Faites enfin que vos enfants espèrent toujours pour leurs parents et pour eux-mêmes la félicité des bons, et ils n'envieront pas la fortune des riches ni l'apparente prospérité des méchants. »

Il se trouvera sans doute des familles qui n'apprécieront pas tous les avantages d'une telle éducation. Mlle Sauvan ne se le dissimule pas : elle sait que trop souvent l'institutrice rencontre un obstacle là où elle devrait espérer un secours. La tâche alors devient plus délicate, et c'est peut-être ici qu'elle est le plus difficile, parce qu'il faut « donner à l'enfant des principes religieux qui peuvent seuls assurer son bonheur, que l'impiété d'un père ou d'une mère pourrait détruire; et cependant il ne faut pas porter atteinte au respect qu'il doit conserver pour ses parents. »

Dans ce cas, il n'y a pas à hésiter : il faut à tout prix obtenir l'assentiment des parents et s'adresser franchement à eux pour leur demander, sans entrer dans des discussions religieuses, s'ils veulent que leurs filles soient pour eux soumises et respectueuses, « s'ils les veulent laborieuses, franches, honnêtes et sages. Tous vous diront que oui; car si l'on méconnaît quelquefois la sainteté de la religion, on n'en refuse jamais les bienfaits.

Eh bien, direz-vous alors, laissez-moi convaincre votre enfant que Dieu récompense toutes ces vertus-là, et qu'il punit les vices opposés. Je ne me mêle pas de votre manière de vivre; chacun vit comme il l'entend; vous êtes honnêtes gens, sans être religieux, c'est une grande grâce que Dieu vous fait. Mais êtes-vous bien sûrs qu'il la fera aussi à votre fille? »

On voit d'ici la suite du développement, et il faut convenir qu'il ne laisse guère de place à une réplique sérieuse. D'ailleurs, si Mlle Sauvan conseille d'agir ainsi avec les familles, elle a bien soin aussi de prémunir ses institutrices contre des excès de zèle qui pourraient tout perdre. Elle veut avant tout qu'on se garde de jeter un regard de blâme sur la conduite des parents. « Le respect filial est la première de toutes les vertus ; et Dieu, qui commande d'honorer son père et sa mère, ne permet pas qu'on les juge. » Et au conseil, elle ajoute aussitôt la leçon. Tout cela doit être dit et fait comme les devoirs qui en découlent, sans ostentation, sans discussion, « car les femmes ne doivent être missionnaires que par l'autorité de l'exemple et par l'attrait de leurs vertus, » pensée charmante qui reviendra souvent sous la plume de Mlle Sauvan.

VIII

Ce qu'il faut louer sans réserve chez Mlle Sauvan, ce qui doit être pour nous le signe d'une vocation supérieure, c'est qu'en donnant ces préceptes austères qu'elle pratique si bien, elle ne dissimule pas à ses élèves les devoirs pénibles que la profession d'institutrice impose ; et sans attendre même l'objection, elle va au-devant, et y répond ainsi avec la

franchise d'une âme droite, et qui ne connaît d'autre
règle que le devoir accepté volontairement :

« Si vous me dites que cette existence est bien
austère, et que nous exigeons beaucoup, je tomberai
d'accord avec vous qu'on n'est pas obligée de s'imposer toutes ces tâches ; mais vous conviendrez avec
moi qu'on est obligée de remplir le mieux possible
toutes celles qu'on s'est volontairement imposées. »

Voilà sans doute un argument qui semble sans
réplique, et cependant ne voyons-nous pas tous les
jours qu'on l'élude de son mieux, grâce à ces so-
phismes déplorables qui sont toujours une excuse
suffisante pour une conscience facile.

« Ces fonctions, dira-t-on, mais je ne les ai pas
choisies volontairement : elles m'ont été imposées
par le besoin de vivre ; il fallait les accepter ou
mourir de faim. »

J'ai été souvent témoin d'un pareil raisonnement,
qui ne convaincra jamais une âme honnête, et qui
ne saurait nous justifier aux yeux du monde ni aux
nôtres. Si vous ne pouvez vous soumettre à toutes
les exigences de la profession où la nécessité vous a
placés, quittez-la et cherchez un état qui soit plus en
rapport avec vos habitudes, vos goûts, vos moyens :

« Soyez plutôt maçon, si c'est votre talent, »

mais ne restez pas dans une carrière où il vous faudra constamment trahir tous vos devoirs et mentir à votre conscience.

Cependant, si l'existence d'une institutrice doit être si laborieuse ; si elle demande la réunion de tant de vertus, et qu'elle impose même le sacrifice des plaisirs les plus innocents, elle présente aussi des avantages d'un prix inestimable et que n'offre nulle autre profession.

Mlle Sauvan les expose avec une vérité et une vigueur d'expresssions qui montre combien elle était éprise de ces compensations toutes morales qu'elle découvre dans l'exercice de ses fonctions :

« Ici, dit-elle, il y a plus que l'estime des gens de bien, il y a plus même que l'approbation de sa conscience, il y a la certitude de sa propre amélioration. En corrigeant les autres, vous vous corrigerez vous-mêmes ; avant de combattre un défaut dans vos élèves, vous commencerez par le déraciner en vous ; vous profiterez de toutes les leçons que vous donnerez ; vous marcherez dans le sentier de l'honneur pour y guider vos élèves. »

« Combien ne doit-elle pas être profitable et préservatrice, cette carrière où l'on ne peut échapper à l'hypocrisie que par la vertu ! »

Ce dernier trait n'est-il pas le cri d'une âme honnête qui semble heureuse de cette alternative? Il faut faire son choix : transiger toute sa vie avec sa conscience ou bien en suivre toujours les inspirations. La carrière de l'enseignement n'admet pas une conduite équivoque.

IX

Il y aurait encore bien d'autres pensées à recueillir dans la première partie de ce livre si substantiel et si fortement écrit. On ne saurait trop lire et relire par exemple les pages que Mlle Sauvan a consacrées à l'instruction.

Sans entrer dans l'examen des méthodes, sans prescrire des procédés d'enseignement, qui n'ont de valeur que par l'usage qu'on en sait faire, elle donne en passant des conseils excellents pour la direction d'une classe; elle insiste avec beaucoup de fermeté sur l'importance, pour les maîtresses, d'étudier le caractère des enfants, leurs dispositions, les ressources de leur esprit; et enfin elle recommande comme le plus grand moyen de succès dans le travail « l'amour du travail ». « Il est difficile, dit-elle, mais il n'est pas impossible de l'inspirer. » Elle ne va pas cependant jusqu'à penser, « comme quelques philosophes, » qu'on puisse instruire sans contraindre. Ai-je besoin de dire qu'ici Mlle Sauvan fait allusion à Rousseau qui veut, en effet, que les leçons soient interrompues à la demande de l'élève, et reprises seulement à sa prière?

Pour tous ceux qui ont quelque expérience des enfants, ces séduisantes théories n'ont rien de sérieux. J'oserai même affirmer que l'auteur de l'*Émile*, mis en demeure de les appliquer, n'aurait pas tardé à s'apercevoir qu'elles étaient impraticables.

En Angleterre, où les élèves jouissent d'une bien plus grande liberté que les nôtres, on est encore bien loin des rêves du philosophe de Genève, et malgré les heureux résultats du système *tutorial*, si merveilleusement approprié au caractère des jeunes Anglais, on n'en maintient pas moins un système de punitions très-sévère et où le fouet n'est pas épargné.

Nous croyons donc qu'à cet égard, le dernier mot reste à ceux qui pensent que, tout en s'efforçant de faire aimer le travail, il faut l'imposer comme un devoir, et non le présenter comme un plaisir.

« Selon nous, dit Mlle Sauvan, cette obligation est favorable au développement moral de l'enfant. Il serait malheureux que l'on pût dépouiller le travail de son caractère de devoir; car c'est au devoir que doit être soumise l'existence d'un membre de la société et la vie entière du chrétien. »

D'ailleurs, n'est-ce pas dans la pratique rigoureuse, souvent pénible, de tous les devoirs, que les mœurs s'épurent, que la volonté et le caractère se fortifient, et qu'enfin nous entrons dans la pleine possession de nous-mêmes, capables de commander à nos passions, et véritablement dignes du nom d'homme ?

Ainsi, rendons le plus possible le travail attrayant, mais jamais facultatif. Les enfants en laisseront toujours bien assez. Mais ayons bien soin de n'exiger d'eux que ce qu'ils peuvent donner.

L'opinion de Mlle Sauvan à cet égard est encore d'une grande sagesse, et nous nous permettrons de la recommander à ceux qu'un zèle mal réglé pourrait entraîner trop loin.

« Il y a des enfants, dit-elle, dont les progrès sont lents, et pour ainsi dire, imperceptibles ; ce sont ces progrès-là qu'il faut apercevoir et apprécier. Ne dédaignez rien ; ce qui vous paraît peu de chose a peut-être coûté de grands efforts ; peut-être l'enfant croit-il, peut-être même sent-il qu'il ne saurait aller plus loin ; il est content de lui ; il se fait une joie de votre contentement. Quel ne serait pas son mécompte, si votre approbation venait à lui manquer ?

Il ne tenterait plus rien, certain de ne pas réussir; vous le jetteriez dans le découragement, et sa paresse se ferait bien vite un prétexte de son impuissance. »

J'ai voulu citer tout ce passage, où se révèle un sens si élevé, une connaissance si profonde et si exacte de l'enfance, avec ce fonds d'indulgence et de bonté qui relevait encore d'un éclat si aimable et si doux les grandes qualités de Mlle Sauvan.

Dans ce chapitre, pourtant assez court, qu'elle consacre à l'instruction, rien d'important ne lui échappe, et les jeunes institutrices, en le méditant, pourront y puiser les principes les plus précieux pour se guider dans une carrière, où l'expérience n'est pas moins indispensable que le savoir; où la bonté obtient plus de résultats qu'une excessive rigueur; où la patience enfin est la première des qualités, parce qu'elle suppose presque toutes les autres, et qu'elle prépare les succès les mieux mérités.

« Si vous n'avez pas la patience d'enseigner, dit, à ce propos, Mlle Sauvan, comment exigeriez-vous qu'une enfant eût la patience d'apprendre? »

C'est souvent par ces phrases courtes et brèves, auxquelles Mlle Sauvan imprime la vive allure de sa pensée, que la raison éclate dans tout son jour, et fait, d'une prescription ordinaire, une vérité qui s'impose et se grave profondément dans l'esprit.

X

Cette qualité, qui est un des caractères du style de Mlle Sauvan, et qu'on retrouvait tout entière dans sa conversation, on pourra l'étudier et la suivre dans le chapitre très-remarquable qui a pour titre, *des Défauts et des Fautes*, le dernier et l'un des plus importants de cette première partie.

Il y a là une série de définitions et de conseils donnés avec une rare sagacité, et dont chacun peut profiter pour soi-même et pour les autres.

Citons sans commentaires les plus utiles :

« Qu'est-ce qu'un défaut? une mauvaise disposition qui nous domine constamment.

— Qu'est-ce qu'une faute ? une mauvaise disposition à laquelle nous cédons par faiblesse, par légèreté. La faute est un fait isolé; le défaut est la répétition fréquente de ce fait.

— Pour le défaut, il faut montrer du chagrin, pour la faute de la surprise; pour le défaut, il faut punir; pour la faute, il faut simplement avertir.

— Il faut paraître attendre beaucoup d'un enfant pour obtenir un peu.

— L'éloge est un grain qui germe et produit souvent.

— Cherchez à corriger les enfants non des défauts dont vous souffrez, mais de ceux dont ils auraient à souffrir un jour.

— Avec les enfants, il faut être préparé à toutes sortes de questions, et il ne faut jamais les tromper. La vérité peut et doit toujours être dite, même dans les occasions les plus délicates.

— L'enfant que vous renvoyez sans réponse adressera à d'autres la question à laquelle vous n'avez pas voulu répondre ; car la curiosité n'est éteinte que quand elle est satisfaite. Êtes-vous sûres que chacun imitera votre silence, ou qu'un autre répondra mieux que vous ne l'auriez fait ?

— Souvent même l'enfant demande ce qu'il sait, et s'il s'aperçoit que vous l'avez trompé, vous aurez perdu sa confiance, par laquelle seule vous pouviez le diriger. »

Je m'arrête dans ces citations qu'on pourrait multiplier, sans en épuiser l'utilité ni l'à-propos.

Ce chapitre, comme tous ceux qui précèdent, lu et médité chaque jour, sera d'une ressource infinie dans la vie d'une institutrice : précieux pour une débutante, dont il éclairera l'inexpérience, en lui découvrant les défauts qu'elle devra combattre chez les enfants, avec le degré de sévérité ou d'indulgence qu'il faut y mettre; profitable même à l'institutrice expérimentée, qui puisera dans ces conseils une force nouvelle, et tout à la fois une lumière et une autorité de plus.

XI

La deuxième partie du cours normal se rapporte plus spécialement aux *Dispositions qu'il est le plus utile de développer chez les jeunes filles.*

Mlle Sauvan y passe en revue toutes ces vertus secondaires, si l'on peut dire ainsi, que nous aimons à rencontrer partout, et qui font plus particulièrement le charme et l'ornement d'une jeune fille, telle que *la Bienfaisance et la Bonté, l'Exactitude et l'Ordre, la Décence et la Patience*, etc. Puis, s'élevant à des vertus d'un ordre supérieur, comme *la Probité et la Franchise*, elle montre d'une manière très-ingénieuse que ces dernières sont inséparables des autres; qu'on ne peut être bon, par exemple, sans être probe, puisque la bonté consiste à faire du bien, et la probité, à ne pas faire de tort. « L'exactitude même, dit-elle, est une sorte de probité, car elle est une fidélité à une parole donnée. »

Qui ne sent qu'en rattachant ainsi ces vertus maî-tresses aux premières, elle donne plus d'importance à celles qu'on ne se croit pas absolument obligé de posséder ? Quand on s'adresse aux enfants, et que surtout on touche au domaine de la morale, tous les enseignements doivent leur être présentés comme indispensables. On ne saurait trop leur répéter que la moindre infraction au devoir, que l'écart même le plus innocent, peut conduire aux fautes les plus graves.

Mlle Sauvan excelle à suivre dans leur enchaîne-ment secret toutes ces conséquences qui échappent aux esprits superficiels ou peu clairvoyants, et elle les fait saisir dans ce style rapide et précis que nous lui connaissons. J'en trouve le plus parfait modèle dans le chapitre de l'*Ordre*, qu'elle développe avec une élévation et une ampleur d'idées, qu'on ne ren-contre même pas sous la plume de Fénelon.

En effet, l'auteur du *Traité de l'éducation des Filles* prend l'ordre dans la vie ordinaire, et ne va pas au-delà. Mlle Sauvan lui donne, dans le *Cours normal*, une portée plus large et plus haute : on comprend tout de suite que, pour elle, l'ordre n'est point une qualité vulgaire, bonne seulement pour les femmes dans la direction de leur maison.

« L'ordre, c'est la création... Pris dans le sens moral, l'ordre, c'est la vertu ; car tout ce qui est blâmable est hors de l'ordre. La soumission aux lois, c'est l'ordre ; le respect des propriétés, c'est l'ordre ; la stricte observation des droits de chacun, c'est l'ordre. »

C'est ainsi que l'auteur s'empare de son sujet, et qu'il appelle à son aide toutes les circonstances, où l'ordre se montre dans ses manifestations les plus élevées, comme dans ses voies les plus ordinaires.

Mais je n'insiste pas sur ce chapitre, qui est devenu classique dans les écoles. On en trouvera des extraits partout dans les recueils de dictées ou de compositions de style. C'est, en effet, un petit chef-d'œuvre d'exposition rapide, où tout ce qu'on peut dire sur l'ordre a trouvé sa place et la gardera au premier rang.

XII

Je ne voudrais pas, dans l'examen de cette seconde partie du *Cours normal*, passer sous silence les pages que Mlle Sauvan a consacrées au *Jugement* et à l'*Esprit*. Tout en faisant le procès à ce dernier, il faut avouer qu'elle en a mis beaucoup et du meilleur dans le blâme qu'elle lui inflige. Mais il y a tant de raison, de naturel et de vérité dans cette peinture du mauvais emploi de l'esprit, qu'on est charmé de voir si bien étudiées et démasquées, toutes ces petites cruautés si ordinaires aux enfants, et dont bien souvent les parents sont les premières dupes et les premiers coupables.

Il arrive aussi que les enfants, les filles surtout, se gâtent entre elles, parce qu'elles ne savent pas apprécier le bon sens et se jugent mal : « Elles font cas des saillies, s'amusent du bavardage, et la plus *amusante* est regardée par elles comme la plus spirituelle. »

Fénelon, que je suis heureux de rapprocher encore ici, dit à propos du même sujet : « Le plaisir qu'on veut tirer des jolis enfants produit les effets les plus pernicieux. Ils s'aperçoivent qu'on les regarde avec complaisance, qu'on observe tout ce qu'ils font, qu'on les écoute avec plaisir ; par là, ils s'accoutument à croire que le monde sera toujours occupé d'eux. »

Mlle Sauvan ne s'élève pas avec moins de force contre cette malheureuse disposition à exalter, chez les enfants, une certaine vivacité d'allures qu'on prend trop souvent pour celle de l'esprit.

« Cette réputation d’esprit, dit-elle, dont une jeune fille est toute fière, peut lui nuire beaucoup ; car, pour la soutenir, elle se moque de chacun, contrefait tout le monde, accueille les plus sottes histoires pour le plaisir de les répéter, parle à tort et à travers, répond une sottise pour ne pas rester court, et dans la crainte de passer pour sotte ou ignorante, a l’air d’entendre finesse à tout, et paraît comprendre ce que heureusement elle ne comprend pas, ce qu’il serait malheureux qu’elle comprît ; enfin, elle cherche à divertir, sans se douter que le rôle de bouffon est le plus triste de tous les rôles, et que la jeune fille qui fait rire finit souvent par pleurer. »

Dites si cette piquante et judicieuse critique d’un défaut très-répandu, n’est pas faite pour donner à penser à ceux qui l’autorisent et même qui le favorisent, qui l’encouragent?

Mais Mlle Sauvan ne se contente pas de stigmatiser sur le vif les travers qui la choquent et dont elle gémit ; en institutrice qui a beaucoup réfléchi et observé, elle sait que, pour guérir le mal, il ne suffit pas de le montrer ni même de le flétrir. Aussi indique-t-elle bien vite le moyen de corriger de ce fâcheux défaut la jeune fille qui s’y laisserait aller.

« Avertissez-la, dit-elle, du ridicule qu’elle se donne, du tort qu’elle se fait, du chagrin qu’elle se prépare ; prouvez-lui que cet esprit dont elle est si fière et auquel elle sacrifie la bonté, la charité chrétienne et la dignité de son sexe, est le plus facile et le moins estimé de tous ; qu'il lui attirera beaucoup d'ennemis, ne lui fera pas un ami, et qu'en définitive le seul esprit dont on doive faire cas, *c'est l'esprit de conduite.* »

Fénelon a dit avec autant de raison, mais pas plus d'esprit, « qu'une fille ait tant qu'elle voudra de la mémoire, de la vivacité, des tours plaisants, de la facilité à parler avec grâce ; toutes ces qualités lui seront communes avec un grand nombre d'autres femmes peu sensées et fort méprisables. »

Voilà qui est bien fait pour dégoûter une honnête jeune fille de la poursuite du bel esprit. Mais il ajoute :

« Qu'elle ait une conduite exacte et suivie, un esprit égal et réglé, qu'elle sache se taire et conduire quelque chose : cette qualité si rare la distinguera dans son sexe. »

N'est-ce pas là *cet esprit de conduite, le seul dont on doive faire cas*, et que Mlle Sauvan a jeté si spirituellement à la fin de sa leçon ?

Une dame qui fut l'élève de Mlle Sauvan, et qui a gardé de son caractère et de son enseignement le plus religieux souvenir, me disait en parlant précisément de cette dernière leçon : « On est toujours étonné qu'une femme de tant d'esprit ait toute sa vie fait une guerre acharnée à l'esprit. » — Vous voulez dire au bel esprit, lui ai-je répondu ; à celui qui cherche à se montrer, qui n'épargne personne, qui veut briller à tout prix, aux dépens même du repos et de l'honneur d'un ami. Voilà l'esprit que Mlle Sauvan a combattu en effet avec toute la force de son bon sens et la vigueur de sa parole, et j'avoue qu'elle n'a guère de peine à nous persuader, surtout quand elle oppose à ce genre d'esprit les avantages inestimables pour une jeune fille, de la simplicité, de la modestie et de la réserve, qualités précieuses, qui forment ensemble une seule et même vertu, la *Décence*.

XIII

Rien ne saurait rendre ce qu'on éprouve en lisant les pages exquises que Mlle Sauvan a écrites sur la *Décence*. C'est la raison éloquente qui se couvre comme d'un voile de pudeur et de grâce, avec ce charme indéfinissable qui s'échappe d'une plume chaste et d'une âme pure.

Quel choix dans les pensées, quelle délicatesse et

quelle douceur dans l'expression! Un souffle virginal anime et vivifie cette délicieuse peinture, qui rappelle, en plus d'un endroit, le portrait de la Femme forte, auquel elle est digne d'être comparée. J'en veux citer le commencement, qui prépare et justifie tout ce qui suit :

« Il y a une vertu qui est à la fois l'apanage et la parure de notre sexe, qui donne du prix à toutes les autres, qui embellit la beauté même, qui *désenlaidit* la laideur, qui conserve à la femme âgée quelque chose du charme de sa jeunesse, et sans laquelle une femme cesserait presque d'être femme; une vertu que tout homme désire trouver dans sa sœur, dans son épouse et dans sa fille; une vertu qui, tout en faisant naître l'amour, en écarte le danger, parce qu'elle commande le respect; cette vertu, vous l'avez déjà nommée, c'est la décence.

Il faut lire le développement, où la jeune fille décente se montre avec toutes les qualités qu manquent à celles qui ne le sont pas .

« Elle se défie d'elle-même; elle n'a point d'empressement à parler; mais elle se plaît aux conversations sensées et s'y mêle avec réserve; le ton de sa voix ne s'élève pas, car elle parle seulement pour la personne à laquelle elle répond; elle ne rit pas aux éclats, elle ne chuchote pas; elle est gaie, mais sa

gaieté est celle de l'innocence et de la bonté ; c'est
une gaieté qui n'inquiète pas, qui ne fait jamais
souffrir ni rougir.

« Si par hasard cette jeune fille se trouve seule au
milieu de quelques hommes, elle s'éloignera d'eux
sans affectation, et viendra rejoindre sa mère : auprès
d'elle seulement elle se sent à l'aise ; un instinct
secret l'avertit qu'il faut, à son âge, éviter les regards
des hommes, et elle leur plaît d'autant plus qu'elle
cherche moins à leur plaire. »

Des manières simples et naturelles, une conduite
également éloignée de la familiarité, qui peut avoir
ses dangers, et de la pruderie, qui n'a souvent de la
vertu que le masque... voilà ce que Mlle Sauvan
.désire trouver dans une jeune fille bien élevée.

« Sa mise est soignée, mais simple et n'a rien qui
attire les regards ; elle ne fera jamais à la mode le
sacrifice de sa pudeur ; elle n'est curieuse de montrer
aucun de ses avantages, et elle voile ses charmes
comme elle cache son esprit ; elle est étrangère à
tous les secrets, à tous les tourments de la coquetterie ; elle sera un jour ce que toute femme doit
désirer être : aimée d'un seul, estimée de tous. »

Je n'ai pu résister au plaisir de citer encore cette
page, d'une touche si gracieuse, si délicate, où
l'on croit respirer ce parfum d'innocence et de

candeur qui forme autour d'une jeune fille pure, comme une atmosphère qui la couvre et qui la défend.

XIV

La troisième partie du *Cours normal* est consacrée tout entière aux institutrices de villages. Mais tout le monde peut prendre sa part et profiter des judicieux conseils que donne Mlle Sauvan. Chez elle, l'enseignement n'est jamais exclusif, et sa morale, tempérée par un grand fonds de bonté et de tolérance, est celle que pratique une pieuse et intelligente mère de famille au milieu de ses enfants.

On lira donc avec beaucoup de fruit cette troisième partie, qui se recommande particulièrement aux personnes que le modeste emploi de directrice d'une école de campagne pourrait faire hésiter. Une institutrice, véritablement dévouée à ses fonctions, le sera partout où elle verra du bien à faire, et au village, il y en a beaucoup, plus peut-être qu'à la ville, séjour à tort si envié de l'honnête campagnard.

C'est à faire aimer la vie rustique qu'une institutrice doit s'appliquer. Mais il ne faut pas qu'elle y apporte les regrets de la ville : « Il faut montrer qu'on peut être heureux au village ; c'est un premier bien à faire, et c'en est un très-grand : réconcilier chacun avec sa position est un extrême bienfait. »

Il y a longtemps que les poëtes ont tenté cette réconciliation, en célébrant à l'envi les douceurs de la vie champêtre, et nous avons tous appris par cœur, dès l'enfance, les beaux vers où Virgile chante cette félicité. Cependant nous ne voyons pas que nos bons paysans soient pour cela plus convaincus de leur bonheur.

C'est que, dans leurs tableaux embellis, les poëtes ont trop négligé les misères inséparables de cette rude existence, monotone et sans horizon, exposée, l'hiver, à tous les frimas, l'été, à tous les soleils. Il n'y a que l'éducation qui puisse ramener à la réalité tous ces rêves de l'imagination, en faisant valoir les avantages de la vie rurale, sans dissimuler ce qu'elle a de laborieux et parfois d'ingrat, mais en s'arrêtant aussi sur les joies honnêtes qu'elle donne, et sur la sécurité et l'indépendance qu'elle procure.

Mlle Sauvan a donc bien fait de mettre au premier rang de ses conseils aux institutrices, celui de « réconcilier chacun avec sa position ». C'est encore le plus sûr moyen de conjurer cette dépopulation des campagnes que tout le monde déplore, sans avoir rien trouvé d'efficace jusqu'ici pour l'arrêter.

Sans doute les habitants des campagnes se sont montrés bien longtemps rebelles aux bienfaits de l'instruction. L'auteur le sait, et aussi a-t-il soin d'en avertir ses élèves en ces termes :

« Vous devez tout prévoir, tout créer ; mais votre action sera plus puissante, votre influence plus productive, parce qu'elle sera plus continuelle ; vous aurez peut-être à vaincre des obstacles qui ne se présenteront pas dans les villes, mais vous aurez certainement plus de moyens pour les surmonter. »

Or, à ses yeux, le plus grand de tous ces obstacles, c'est l'ignorance « qui se sert de fortifiant à elle-même, et ainsi la cause entretient et perpétue l'effet. » Remarque très-juste et très-vraie, qui nous remet en mémoire certains passages d'un rapport sur l'état de l'instruction primaire en France, publié vers 1833, par M. Lorain.

Ce travail, un peu oublié aujourd'hui, eut, à cette époque, un très-grand retentissement, parce qu'il mettait à nu les misères des écoles de villages et qu'il montrait avec la dernière évidence que les meilleures intentions du gouvernement d'alors étaient méconnues, et ses dons grossièrement repoussés par l'ignorance et l'apathie des populations. Mais laissons parler M. Lorain, homme d'une expérience sûre et

qui fut longtemps une des lumières de l'enseignement.

« Nous nous rappellerons longtemps, dit-il, qu'a-
près une journée de marche, où le cheval et le
cavalier, presque perdus dans les Landes, aspiraient
également au repos; après un exercice de dix lieues,
précédé, la veille, d'une épreuve du même genre, et
qui devait se renouveler le lendemain, un méchant
bourg, le terme de notre pèlerinage, nous montre
enfin, dans les ténèbres, le bout de son clocher.
Mouillé toute la journée par une pluie de novembre,
nous voilà reçu dans l'école de St-Hippolyte par un
vrai paysan, maire de sa commune, et, avant d'obtenir les premiers soins d'une hospitalité impossible
(il n'y a point de lit dans les auberges du lieu), soutenu seulement par le sentiment du bien que nous
venions conseiller, nous nous voyons accueilli par
des propos de ce genre : « Vous feriez bien mieux,
Monsieur, de nous apporter de l'argent pour nos
chemins, pour réparer notre maison commune,
pour, etc. Quant aux écoles, nous nous en soucions
peu. »

« A défaut d'hospitalité, nous avions espéré du
moins un bon visage, et au lieu de cela, reçu comme
un commis des droits réunis qui vient visiter les
bouteilles du débitant, il nous fallut, le cœur navré,

traverser, à l'entrée de la nuit, un gué assez difficile, pour aller, presque à tâtons, chercher un gîte en dehors du malheureux département que nous avions à visiter. »

On voit que les chemins et les maisons communes n'étaient guère mieux entretenus que les maisons d'école, et ce qu'il importe de constater, c'est que cette négligence n'était point particulière à un seul département, car l'auteur ajoute en manière de consolation :

« En y songeant depuis, j'ai vu que ce brave homme, c'était le peuple des campagnes en personne. J'ai lu toutes les tribulations de mes collègues, et elles ont un peu allégé les miennes. La formule de l'apathie générale n'est même pas très-variée, et toutes les bonnes raisons alléguées çà et là, au nord comme au midi, se réduisent à ces axiomes : *nos enfants seront ce qu'ont été nos pères. Le soleil se lève également pour l'ignorant et pour le savant.* — Mais si la dépense vous effraye, vous n'aurez rien à débourser, familles indigentes, et vous aurez le double avantage de donner une meilleure éducation à vos enfants, sans bourse délier. — Nous ne voulons, répondent-ils, d'instruction à aucun prix. — Mais nous vous fournirons même les livres. — Pas davantage. — Mais j'accorderai des secours à

ceux d'entre vous qui seront malades, si vous voulez me promettre d'envoyer vos enfants à l'école.
— Nenni. — Mais on vous paiera. — Foin de l'instruction; nous avons mangé du pain sans savoir lire
ni écrire, nos enfants feront de même. Voyez un tel
qui sait lire ; il est pourtant moins riche que nous
qui ne savons pas. »

Qu'on n'aille pas croire que ces réponses ont été
préparées pour le besoin de la cause : elles ont
toutes été faites, et la dernière, qui est la plus signi-
ficative, a été recueillie dans l'arrondissement de
Lectoure.

Mais faut-il s'étonner de cette répugnance des
gens de la campagne à faire instruire leurs enfants,
quand on voit que les autorités elles-mêmes s'y prêtent si peu, et que bien souvent les seuls calculs de
l'intérêt personnel dictent leur résolution.

Ainsi M. Lorain cite le conseil municipal de
St-Médard, qui refuse des fonds pour louer un local
destiné à l'école, *parce qu'aucun des membres qui
le composent n'a d'enfants à y envoyer*.

Et veut-on savoir quel genre de local était, dans
ce temps-là, réservé à l'école ? M. Lorain va nous le
dire, d'après ce que lui ou d'autres inspecteurs ont
vu : « La classe n'est pas seulement la cuisine de
l'instituteur, c'est sa chambre à coucher, c'est son

ménage tout entier. Si quelque membre de sa famille est malade, sa femme ou sa fille, ou si quelque circonstance les retient au lit plus tard qu'à l'ordinaire, on en est quitte, je le crains, pour tirer modestement les rideaux. »

Enfin M. Lorain se demande si dans l'intérêt de la morale, surtout dans les écoles mixtes, il ne vaudrait pas mieux, comme dans quelques communes de Saône-et-Loire, faire cohabiter les élèves avec le *pourceau* du ménage et les autres animaux domestiques que nourrit l'instituteur, au risque d'effrayer l'inspecteur surpris à l'improviste par *une nuée de poules qui viennent se jucher sur sa tête.*

Triste alternative, qui montre seulement dans quel état d'abandon se trouvait l'instruction primaire dans les écoles de villages, vers le temps où Mlle Sauvan publiait le *Cours normal,* qui devait tant contribuer à rappeler l'attention sur l'éducation des jeunes filles pauvres, alors si délaissée dans les campagnes.

XV

L'enquête ordonnée par M. Guizot et dirigée par M. Lorain, venait de révéler toutes ces misères, et le moment était heureusement choisi pour travailler à les diminuer. Mlle Sauvan les sent vivement; aussi il faut voir comme elle est ingénieuse à découvrir les moyens de détruire les préjugés, de vaincre les résistances, de combattre enfin les obstacles qu'elle prévoit, sans les énumérer, se contentant de prouver, par des exemples, que le langage de l'intérêt personnel est encore le plus accessible à ces âmes simples que l'ignorance rend défiantes et jalouses, « dispositions malheureuses, dit-elle, mais dont il faut se servir pour parvenir à son but. »

Il en coûte assurément d'employer de pareils mobiles quand on est animé des plus nobles motifs, « mais dans ce cas, la fin justifie les moyens, et quand nous n'avons pas prise sur un individu par ses bons sentiments, il faut bien nous servir des mauvais. »

Nulle part, Mlle Sauvan n'entre plus heureusement dans les secrets de cette direction que dans le chapitre où elle traite de *la Maîtresse d'école chez elle.*

Tout à l'heure, en conseillant le langage de l'intérêt personnel, il n'était, bien entendu, question que des parents; maintenant les rapports ne sont plus les mêmes : c'est une maîtresse chez elle, qui s'adresse à des enfants étrangers à tous les calculs de la cupidité. Il faut les attirer et les retenir, en

parlant aux sentiments qui adoucissent les mœurs,
élèvent l'âme et s'emparent de nous par tous les
côtés à la fois.

Nous savons déjà que Mlle Sauvan excelle dans
ce genre d'enseignement. Tout lui devient une
occasion et un secours pour éveiller, dans ces
natures incultes, les bons instincts qui sommeillent,
et faire aimer les fruits du travail, sans exciter la
convoitise, « car il y aurait de la cruauté à dégoûter
l'enfant de la situation dont il doit se contenter et à
lui donner le désir d'un bien-être auquel il ne saurait atteindre. »

Elle revient souvent sur cette recommandation, et
elle a raison. Elle l'adressait naguère aux institutrices destinées aux écoles de Paris, et nous y avons
applaudi. On peut dire qu'ici et plus que jamais elle
est à sa place.

Les jeunes filles qui débutent dans l'enseignement
croient assez ordinairement que l'extérieur de la
richesse, une toilette recherchée et un air capable
ou précieux, fondent pour toujours leur autorité.
Rien n'est plus faux. L'autorité est d'abord et surtout dans le caractère; et quand on peut y joindre
le savoir, il est à peu près certain qu'on sera aimé
et respecté de ses élèves. C'est là tout le secret de
l'autorité.

Mais il ne faut pas non plus prendre avec les enfants un air triste et austère : « Tâchez, dit Mlle Sauvan, que l'aspect de votre maison soit gai et attrayant, que la propreté et l'ordre en fassent tout le luxe. »

On peut en dire autant de la mise. Il faut aussi tenir grand compte du goût et des habitudes des enfants de la campagne dans l'éducation qu'on se propose de leur donner. Pour eux, « le premier besoin, le penchant le plus irrésistible, c'est celui de la liberté : *elle suffit souvent pour consoler de la misère.* »

Que cette réflexion, exprimée là si simplement, est vraie, et comme elle vient à propos pour nous conseiller de ne rien imposer dans notre enseignement qui pourrait altérer ou diminuer ce premier bien, la liberté !

« Que votre classe bien close, dit encore Mlle Sauvan, soit pour les enfants un abri l'hiver, et que cette classe gaie, ouverte, aérée, ne leur soit pas, l'été, une prison. »

Elle recommande ensuite d'y rassembler les jeunes filles non-seulement pour les instruire, mais surtout pour les élever et même pour les amuser.

« Cette dernière tâche, ajoute-t-elle, avec une expression de tristesse et de bonté, ne sera pas difficile, les pauvres enfants ne sont pas blasées sur les plaisirs. »

Mlle Sauvan indique ici, avec une merveilleuse expérience de l'enseignement, ce qu'on peut faire pour rendre l'étude agréable et pour instruire en amusant. Je recommande, à ce propos, la leçon de calcul donnée « dans un riant verger, sous un cerisier tout chargé de fruits. »

L'auteur de l'*Émile* n'aurait ni mieux pensé ni mieux dit. On sent qu'elle est heureuse en se représentant « tous ces jeunes visages, bien frais, bien épanouis, tournés, non vers le plafond enfumé d'une classe, mais vers un ciel pur, et cherchant leur réponse, en regardant le fruit vermeil qui sera leur récompense. »

Mlle Sauvan sait bien que ces leçons, données ainsi en plein air, peuvent amener une perte de temps; cependant elle n'insiste pas moins pour qu'on ne retienne les élèves en classe que le moins possible, et seulement pour l'enseignement qui ne peut se donner ailleurs.

« Comment, s'écrie-t-elle, pourriez-vous les contenir dans une chambre, quand les oiseaux les appelleraient par leurs chants, quand toute la nature les convierait à sa fête? Quand bien même on travaillerait un peu moins, si l'on consent à travailler plus longtemps, tout sera compensé, et il n'y aura de différence qu'un peu plus de bonheur pour ces pauvres enfants, qui ne sont peut-être pas destinées à en avoir beaucoup. Le bonheur! nous voulons en faire la récompense du travail et de la vertu : ah ! commençons, croyez-moi, par en faire la préparation à la vertu et au travail, et qu'aucune époque de la vie n'en soit dépouillée! C'est le vœu de notre Créateur. »

C'est ainsi que cette femme si remarquable par l'élévation et la rareté de ses sentiments, trouve à chaque instant de ces paroles émues, qui nous découvrent l'inépuisable bonté de son cœur.

XVI

Une lecture attentive du *Cours normal* offrira encore bien d'autres pensées d'un prix infini sur *les soins physiques, les jeux, la propreté, les maladies, et enfin sur l'influence que les jeunes filles exercent les unes sur les autres*, chapitre rempli de réflexions judicieuses qui précède la *Conclusion*.

Je ne détacherai cependant que quelques passages de toutes ces leçons, pour montrer que même dans les sujets les plus ordinaires, l'auteur se retrouve toujours avec la finesse charmante de son esprit, sa pénétration et sa haute raison.

D'après tout ce qu'on sait de Mlle Sauvan, on devine aisément qu'elle devait interdire d'une manière absolue les punitions corporelles et les privations arbitraires. Aussi conseille-t-elle, à ce propos, « de n'envoyer coucher sans souper que l'élève qui aura bien dîné. » Elle ne veut pas non plus « qu'on fasse expier à l'estomac les torts du caractère, » et elle ajoute avec non moins d'esprit : « Ayez soin surtout qu'une pénilence ne tourne jamais à votre profit : on croirait alors que votre sévérité n'est qu'un calcul de votre économie. »

Les pages consacrées à l'influence des jeunes filles les unes sur les autres, sont graves comme il convient au sujet. C'est la voix de la raison, mûrie par une longue expérience qui nous crie : « Veillez sans cesse, veillez toujours ; défiez-vous des liaisons intimes ; car, chez les enfants, il arrive rarement que l'amitié ait l'estime pour cause et la vertu pour but. Ce qui les rapproche, c'est plutôt la conformité de leurs défauts que celle de leurs bonnes qualités. »

Si vous découvrez qu'une jeune fille indocile, paresseuse, impie, est devenue dans la maison, un personnage influent, sacrifiez-la sans hésiter, « car on se contente rarement d'avoir des torts personnels,

on veut les faire partager : il semble que ce partage
les diminue. » Conservez à tout prix, au contraire,
une jeune personne que ses vertus rendent chère à
ses compagnes; elle sera votre intermédiaire auprès
des élèves, et pourra déterminer à l'obéissance « par
l'exemple, qui est le plus irrésistible des arguments. »

Un bon sujet, dit encore Mlle Sauvan, peut faire
dans une maison d'éducation autant de bien qu'un
sujet vicieux pourrait y faire de mal : si nous croyons
à la contagion du vice, pourquoi ne croirions-nous
pas à celle plus consolante de la vertu? »

Ne nous lassons pas de faire remarquer combien
il est pénible à cette rare, à cette excellente femme
de reconnaître qu'il y a des natures vicieuses, incor-
rigibles, qui apportent en naissant ou qui reçoivent
de leur première éducation des germes de perversité,
qui peuvent gâter toute une école. Mais dans sa
pensée, il arrive toujours que le bien finit par l'emporter sur le mal, pourvu qu'un œil vigilant discerne
l'un et l'autre.

Rien ne coûtait à Mlle Sauvan, maîtresse d'institution, pour établir chez elle cette influence heureuse
si nécessaire au progrès des études, et qu'une seule
bonne élève suffit parfois à faire naître et à entretenir parmi ses compagnes. « Ah! s'écrie-t-elle, en
s'adressant aux institutrices, soyez aussi jalouses de

l'amélioration de vos enfants que d'autres pourraient l'être des progrès de leurs élèves, et récompensez les vertus du cœur et du caractère, comme on récompense ailleurs les dons brillants de l'esprit et la supériorité des facultés intellectuelles. »

Ainsi se termine le *Cours normal*, ce petit livre si complet et pourtant si court, dont on pourrait dire aussi que

« C'est avoir profité que de savoir s'y plaire. »

Il méritait assurément de devenir classique par la grâce et le naturel du style, la nouveauté des vues, l'élévation des pensées, et tout ensemble, par la noblesse des sentiments, la sagesse et l'autorité des conseils, la précision et la fermeté des préceptes, qui peuvent tous se réduire en pratique et servir aux uns de guide, aux autres d'appui.

N'est-ce pas le moment de regretter à jamais qu'on n'ait pas recueilli, dans son entier et de la bouche même de Mlle Sauvan, cet enseignement si bien approprié aux personnes et au temps, qui embrasse près de quarante années ? Privés que nous sommes de ces leçons qui s'éclairaient chaque jour des lumières d'une plus longue expérience, que de précieux exemples, que d'utiles et piquants récits sont perdus pour nous ! Car, avec Mlle Sauvan, on n'avait pas à craindre d'être entraîné dans les sentiers battus de la routine. Elle avait horreur des redites et des lieux-communs. Le fond de son enseignement restait le même sans doute; mais combien de fois elle dut en rajeunir la forme par le charme des anecdotes et la variété des réflexions que lui suggéraient ses fonctions d'inspectrice !

Tous ceux qui l'ont connue savent qu'elle était, dans la plus rigoureuse acception du mot, le professeur en action, toujours debout et militant. Elle pensait avec raison que le plus grand danger pour l'œuvre de l'éducation, est de rester stagnante et de croupir, et qu'à cette tâche laborieuse, mieux vaut s'user que se rouiller.

Je m'arrêterai là dans l'analyse du *Cours normal*, après m'être efforcé d'en faire apprécier les parties essentielles. Mais ce n'est qu'une grappe rapportée de cette terre promise, où tant de fruits délicieux restent encore à cueillir. Espérons qu'après en avoir respiré le parfum, on voudra les goûter sur place, et que, pour parler sans figure, cet admirable petit livre, honoré des suffrages de l'Académie française, et plus tard, d'une médaille à l'Exposition de Londres, deviendra le bréviaire de toute institutrice qui désire conduire ses élèves dans les chemins sérieux de la raison et de la vertu.

TROISIÈME PARTIE

I

J'avoue qu'en abordant cette troisième partie de ma tâche, je ne suis pas sans inquiétude sur les difficultés qu'elle présente.

Il ne s'agit plus, en effet, d'étudier Mlle Sauvan dans un livre qui nous a révélé, sans que nous ayons à les chercher, toutes les pensées de cette femme remarquable en matière d'éducation.

Le *Cours normal*, si parfait qu'il soit, n'est encore qu'une promesse, arbre chargé de fleurs dont nous attendons les fruits. En devenant inspectrice, Mlle

Sauvan devient un personnage officiel, et dès lors, son action ne s'exercera plus seulement sur quelques lecteurs, ou dans le recueillement d'un auditoire sympathique; elle s'étendra bien au-delà et pendant les trente-cinq années de cet héroïque apostolat, il ne se décidera rien d'important pour les écoles de filles de la ville de Paris, que l'inspectrice ne l'ait inspiré, conseillé ou provoqué.

On comprend maintenant combien il serait désirable pour nous de posséder cette suite de notes et de rapports qu'elle fut appelée à rédiger, pour éclairer l'administration sur les véritables besoins de l'enseignement primaire à cette époque. Ils étaient grands et pressants : c'était presque une œuvre à créer.

Paris n'avait pas, comme aujourd'hui, cent trente magnifiques écoles communales destinées aux filles. Elle en comptait quinze au plus et quelles écoles! Installées le plus souvent dans des locaux insuffisants, obscurs et malpropres, elles ne différaient guère des écoles de villages que nous a décrites M. Lorain. Quelques-unes sont encore debout; deux ou trois peut-être, et qui vont disparaître; mais enfin elles sont là comme un témoignage vivant des progrès de l'instruction primaire à Paris.

II

C'est l'histoire de ces progrès lents mais sûrs, comme tous ceux qui s'accomplissent avec la participation du temps, que nous retrouverions tout entière dans les rapports de Mlle Sauvan, s'ils avaient pu nous être conservés. Ce serait bien la plus complète, la plus instructive et la plus curieuse qu'on pût lire.

Malheureusement nous n'avons la minute que de quelques-uns; le reste a disparu dans l'incendie de l'Hôtel-de-Ville et de ses archives.

Cependant, en rassemblant avec un soin religieux tous ces beaux épis un peu dispersés, nous ne perdons pas l'espoir de former une gerbe qui attestera encore la richesse de la moisson et l'intelligence de la main qui l'avait préparée.

III

Mlle Sauvan avait cinquante-un ans quand elle fut appelée aux fonctions d'inspectrice des écoles communales de filles de la ville de Paris. C'était le 13 avril 1835.

Le Comité central et les dames patronnesses l'avaient désignée à l'unanimité pour cet emploi, qui était nouveau et qu'on créait à son intention.

Placer à la tête du personnel des institutrices une femme de cette valeur, et lui donner un titre dont la loi même de 1833 avait cru pouvoir se passer pour les écoles des deux sexes, c'est là une mesure digne d'être signalée, à l'honneur des hommes qui avaient accepté volontairement la surveillance de l'enseignement primaire à Paris.

Il fallait aussi que tout le monde fût bien d'accord sur la réelle supériorité de Mlle Sauvan pour qu'on s'inclinât sans hésiter devant ses décisions, quelques sacrifices qu'elles dussent imposer au budget de la Ville.

Mais n'avons-nous pas vu, dans ces dernières années, notre Conseil municipal accorder les millions presque sans les compter pour créer des écoles et mettre l'instruction primaire en harmonie avec les besoins nouveaux? C'est qu'il obéissait aussi à l'impulsion intelligente d'un homme [1] qui vint, comme Mlle Sauvan, dans un moment où l'éducation de la jeunesse pauvre, abandonnée à des mains inhabiles, réclamait impérieusement une puissante et sage initiative.

1. M. Gréard.

Les institutions humaines sont sujettes, dans leur
léveloppement, à ces temps d'arrêts, comme à ces
·éveils inattendus. On ne peut nier que les hommes
ioient pour beaucoup dans ces vicissitudes.

IV

Le premier acte de Mlle Sauvan en prenant possession de ses nouvelles fonctions est daté du 31 mai
1835. C'est un rapport développé qu'elle adresse au
préfet, comte de Rambuteau, sur la situation de l'é-
cole du passage Saint-Pierre [1], sur le but et les résultats de l'enseignement qui s'y donne ; enfin sur
les améliorations dont il serait susceptible.

Le nombre et l'étendue des attributions de l'inspectrice à cette époque ressortent clairement des
questions qui font l'objet de ce rapport. Mais en
avançant, nous aurons plus d'une fois l'occasion de
le constater.

Pour le moment, ce qui nous frappe le plus dans
ce travail d'une si lumineuse précision, c'est la faiblesse déplorable des études, dans un établissement

---

1. Aujourd'hui, école normale primaire pour les jeunes
filles qui se destinent à l'enseignement des écoles de la
ville.

patronné par l'administration municipale, et auquel l'avenir réservait une part si importante dans les destinées de l'instruction primaire.

Il semble que la loi de 1833 aurait dû imprimer une vive impulsion à tous les établissements scolaires de la Ville, toujours une des premières à profiter des faveurs du pouvoir. Cependant si nous en jugeons par des chiffres qui sont hors de toute discussion, nous voyons que l'enseignement y était bien insuffisant, bien arriéré.

L'école se composait de trente élèves internes, partagées pour l'orthographe, en trois divisions. Mlle Sauvan constate sans trop s'en plaindre, que dans cette dernière on fait, en moyenne, 5 f^{tes} 1/20, dans une dictée simple et courte. Ce n'était déjà pas un résultat bien brillant pour des élèves de treize à quinze ans; et aujourd'hui, les enfants des petites classes de nos écoles ne feraient certainement pas plus mal.

Mais arrivons à l'arithmétique, où l'ignorance est à peu près complète. Mlle Sauvan en est humiliée, et il y a de quoi.

28 élèves sur 30 s'en occupent : elles sont partagées en cinq divisions, morcellement malheureux et qui doit tuer toute espèce d'émulation. La 1re division ne sait pas poser un nombre décimal; la 4^e

fait à peu près une soustraction, sans pouvoir la poser, et enfin la 5ᵉ en est à l'addition.

Qu'on me pardonne ces détails techniques et arides; mais, en même temps qu'ils nous donnent une idée du niveau de l'instruction primaire en 1835, ils étaient nécessaires pour bien établir ce qu'était autrefois cette école qui devait bientôt prendre le nom d'École supérieure, pour se transformer plus ard en école normale d'institutrices.

Nous voudrions parler plus longuement de l'organisation de ce bel et utile établissement, qui s'ouvre chaque année à vingt-cinq jeunes filles sérieusement préparées et choisies à la suite d'un concours entre plus de cent quarante candidats.

V

L'ambition de Mlle Sauvan ne s'est jamais élevée jusque-là pour la maison du passage Saint-Pierre. D'ailleurs le petit nombre des écoles communales de filles à Paris, et le personnel très-restreint que le mode mutuel exigeait, ne faisaient pas sentir le besoin d'une école normale, comme on l'a senti depuis, quand les écoles se sont multipliées sous le régime du mode simultané.

Mais ce qui lui paraît de la dernière urgence, au moment où elle écrit, « c'est de fortifier l'instruction dans cette maison d'où sortiront sans doute des institutrices particulières et de bonnes sous-maîtresses, qui pourront devenir plus tard des directrices d'externats privés, *peut-être même des directrices d'écoles communales :* dans ce dernier cas, la ville de Paris recueillerait le prix de ses sacrifices. »

Mlle Sauvan entrevoit donc la possibilité pour cette institution de former des directrices d'écoles communales; mais elle ne s'y arrête pas. Ce qui lui paraît important, c'est de préparer les jeunes filles, par une instruction solide, à toutes les carrières qui peuvent s'ouvrir devant elles.

« La carrière de l'instruction, dit-elle, n'est pas la seule que l'on doive rendre accessible aux femmes ; celle du commerce leur convient également, mais plus elles y apporteront de connaissances, plus elles y trouveront de chances de succès. »

Et alors elle demande pour ces jeunes filles des leçons de comptabilité et un cours de dessin appliqué aux divers genres de broderies, de tapisseries, ainsi qu'à l'impression des étoffes, « ce qui assurerait à quelques jeunes personnes de grands avantages dans des maisons spéciales et dans les manufactures. »

Il n'est pas inutile de remarquer qu'en réclamant alors des leçons de comptabilité et de dessin appliqué, Mlle Sauvan devançait d'un quart de siècle les hommes qui ont le plus compté dans l'enseignement primaire ou plutôt dans l'enseignement professionnel.

C'est ainsi que chacune des pages de ses rapports nous révèle, avec des intentions généreuses et des vues pratiques, un pressentiment admirable des besoins du pauvre et des ressources qu'il peut trouver dans un travail honnête.

VI

Mais ce qui, selon nous, ne fait pas moins d'honneur à sa perspicacité, c'est l'importance qu'elle attache aux travaux de couture, aux travaux utiles, bien entendu, et l'extension qu'elle recommande de leur donner.

Ce genre d'occupation, dans une école de filles, est si naturel, qu'il semble superflu d'en parler. Cependant nous voyons dans le rapport qu'il était très-mal compris.

« La couture est négligée, nous dit Mlle Sauvan ; le raccommodage du linge des élèves ne se fait pas dans la maison : il reste par conséquent à la charge des parents. Les jeunes filles n'apprennent pas à faire les robes; elles sont constamment occupées à faire de mauvaises broderies qui doivent être d'un bien mince rapport, si l'on en juge par le montant des recettes. Le temps des élèves pourrait être mieux employé. »

Et au premier rang des améliorations à introduire dans l'école, elle place les travaux à l'aiguille. « Ils doivent être dirigés avec intelligence et d'une manière suivie. *La coupe et la confection du linge neuf, des robes et des corsets;* le raccommodage et l'entretien du linge et des vêtements doivent être complétement enseignés à toutes les élèves.

En conseillant de former les jeunes filles au raccommodage et à l'entretien du linge et des vêtements, Mlle Sauvan ne fait que ce qui s'était fait avant elle, avec cette différence toutefois qu'elle veut des résultats qui profitent aux élèves et à leurs familles.

Mais quelle institutrice, jusqu'à elle, avait prescrit formellement l'enseignement de la coupe et de la confection des robes ? C'est là une innovation heureuse et à laquelle personne n'avait songé. Les hommes bienfaisants qui ont établi tout récemment un cours de coupe dans quelques arrondissements de la capitale, seraient bien étonnés d'apprendre

qu'ils ont été devancés dans cette bonne œuvre, il y
a quarante ans, par une femme en qui se rencon-
traient avec une égale élévation, le génie des études
pratiques et la supériorité de l'esprit.

VII

Donner aux jeunes filles pauvres des connaissances variées, et par là, les défendre contre les
suggestions de la misère, en multipliant leurs
moyens d'existence, fut le rêve et je dirais volontiers
le tourment de sa vie. Cette pensée se retrouve
presque dans tous les rapports que nous avons sous
les yeux, et parfois même elle n'est pas exempte d'un
mouvement d'humeur contre les hommes, qui s'emparent de tout.

C'est de quoi Mlle Sauvan se plaint franchement
dans un rapport qu'elle adresse au préfet en 1862.
Elle avait alors près de quatre-vingts ans.

« Les hommes, dit-elle, envahissent tant de carrières et nous en laissent si peu, qu'en ouvrir de
nouvelles, où les femmes pourraient gagner honnê-
tement leur vie, me semble non-seulement une
question d'humanité, mais encore et surtout une
question de moralité, digne de l'attention et de l'in-

térêt de la haute administration si remplie de sollicitude pour la classe ouvrière. »

Voilà ce que cette femme écrivait dans un style et d'une main qui n'accusent aucune défaillance, à l'âge où la plume nous échappe, où la vigueur physique s'en va du même pas que la fermeté de l'esprit.

Et qu'on ne croie pas qu'elle s'arrête là dans l'expression de ce qu'elle désire pour la fille de l'ouvrier. Elle a toujours été l'ennemie des phrases vaines comme des vœux stériles. Elle est pressée d'ailleurs de voir s'accomplir quelques-unes des améliorations qu'elle a longtemps sollicitées, et qui, demain peut-être, n'auront plus l'appui de sa parole.

Aussi passe-t-elle immédiatement à l'énumération de tous les emplois qui pourraient offrir un débouché honorable aux femmes, et qui sont presque exclusivement occupés par des hommes.

Dans les seules écoles de Paris, elle en trouve un d'abord, « l'enseignement du chant dans les écoles de filles, qu'il serait plus convenable assurément de confier à des femmes. » Puis elle indique plusieurs autres emplois, qui seraient nouveaux dans l'instruction primaire, mais dont elle demande avec instances la création : c'est l'enseignement de la gymnastique, du dessin, de la comptabilité et des langues vivantes.

Malheureusement elle n'a pas assez vécu pour assister à la réalisation de ses désirs. Ce qu'elle demandait, il y a quinze ans, s'accomplit aujourd'hui, grâce à l'activité éclairée d'une administration qui sait intéresser à son œuvre la bienfaisance privée et la bonne volonté de tous.

Mais jusqu'à la fin de sa vie, Mlle Sauvan ne cesse de réclamer de nouveaux avantages pour *ses enfants* des écoles. Il semble même que le pressentiment de sa fin prochaine augmente encore l'ardeur de sa charité, reste d'une flamme qui a jeté une vive lumière et qui brille d'une dernière lueur, avant de s'éteindre pour jamais !

VIII

Evidemment elle n'est pas sans prévoir que le temps approche où l'on introduira dans les écoles les innovations heureuses qu'elle demande dans ses rapports au préfet ; mais pour elle ce n'est pas assez. Il ne lui suffit pas d'avoir été la première à en parler et à les nommer, elle voudrait les voir établies et pratiquées.

Cette pensée la poursuit jusque dans ses lettres intimes, et j'en retrouve l'expression un peu amère et découragée dans quelques lignes qu'elle adresse à la famille de Gérando pour s'excuser de sa négligence à lui écrire plus souvent.

« Associez-moi, dit-elle, à votre existence si utile, et, je l'espère, si heureuse, et remerciez-moi de ne pas vous parler de la mienne. Elle est toujours la même, occupée de mille soucis, de mille soins, de mille efforts sans résultats, de *mille améliorations que l'on rêve sans pouvoir les accomplir, de mille misères dont on gémit, sans pouvoir les soulager.* Tout cela est triste, mes amis. Mais que faire? hélas! poursuivre sa route sans s'arrêter. »

Le cœur de cette excellente femme ne se montre-t-il pas encore une fois à nous dans « ces mille améliorations que l'on rêve, sans pouvoir les accomplir, dans ces misères dont on gémit, sans pouvoir les soulager? » Et cependant cette lettre, qui est de 1860, se rapporte à une époque où il avait déjà été beaucoup accordé et beaucoup promis à Mlle Sauvan. Elle n'ignorait pas que sa voix était très-écoutée d'un préfet qui, tout occupé, en apparence, de transformer Paris, voulait cependant tout voir et tout savoir, descendait aux moindres détails de sa vaste administration, et demandait, à propos d'un simple contrat d'apprentissage, un rapport détaillé à l'inspectrice.

Mais elle n'est pas satisfaite. Elle voit tant d'intérêts en souffrance; elle est dans le secret de tant de misères, qu'elle voudrait des réformes promptès, des secours immédiats, et quand elle ne réussit pas au gré de ses désirs, elle s'en prend à elle de son peu de succès, elle est mécontente d'elle-même, et croit n'avoir rien fait pour ses écoles, parce qu'il lui reste à faire. Il est beau d'être un de ces esprits dont on peut dire :

« Et toujours mécontent de ce qu'il vient de faire,
« Il plaît à tout le monde et ne saurait se plaire. »

IX

Ces scrupules honorables étaient bien dans la nature désintéressée de Mlle Sauvan, et l'administration, sans faire droit immédiatement à toutes ses réclamations, lui en savait gré, même s'il arrivait à l'inspectrice d'exprimer parfois un peu vivement sa pensée sur l'état lamentable de certaines écoles qu'elle était appelée à visiter.

Dans un rapport que le préfet lui avait demandé sur une école située rue Menilmontant, voici les résultats qu'elle constate après son inspection :

« Dans l'état où sont maintenant les choses, dit-elle, il n'y a plus de local spécial pour le préau ; on y joue, on y mange, on y travaille quand et comme on peut. Ce n'est plus un préau, ce n'est réellement pas une classe. La place manque pour la récréation ; le repas s'y prend sans ordre, par conséquent, sans propreté et presque sans surveillance ; enfin les leçons n'amènent que de faibles résultats. »

Elle termine en indiquant ce qu'il y aurait à faire pour remédier à ces graves inconvénients et « pour placer cette école dans des conditions complétement satisfaisantes. »

Cette franchise, nous l'avons dit, ne déplaisait pas à une administration d'ailleurs sincèrement préoccupée des intérêts et de l'avenir de la classe ouvrière. On aimait la précision, la netteté de ces notes substantielles qui allaient droit au but.

X

Avant de *communaliser* un grand nombre d'écoles laïques et surtout congréganistes, la Ville accordait à ces établissements des secours dont l'inspectrice devait d'abord déterminer et justifier l'importance et la nécessité. C'était journellement que ce genre de travail lui était demandé, et qu'elle avait à se transporter aux extrémités de la capitale pour en réunir les éléments.

Cependant, ces rapports, faits rapidement après une journée de grandes fatigues, nous révèlent encore mieux que tous ses écrits, ce qu'il y avait d'élévation et de bonté dans cette âme tendre et délicate.

Elle reçoit un jour du préfet l'ordre de visiter l'école congréganiste de la rue P..., pour donner son avis sur un léger secours que les religieuses sollicitaient. Cet établissement, qui réunissait plus de quatre cents enfants, dont une trentaine étaient nourries et même vêtues gratuitement, avait été jusque-là exclusivement entretenu par la bienfaisance privée. Mais il faut bien croire que des charges si lourdes avaient fini par dépasser les ressources, car Mlle Sauvan nous fait de cette école le tableau le plus triste :

« Toutes les classes sont trop petites pour le nombre des élèves qu'on y réunit ; toutes, mal carrelées, sales et obscures ; toutes, dépourvues des objets les plus indispensables à l'enseignement ; en un mot, dans l'état misérable où sont toutes les écoles *qui n'ont pas le bonheur d'appartenir à la Ville de Paris.* »

Puis elle ajoute, à propos du costume des sœurs, une remarque qui paraît d'abord sans importance, mais dont la véritable signification se trouve expliquée plus loin, dans le sens de la plus touchante charité.

« On appelle habituellement, dit-elle, ces religieuses les *Dames blanches* ; mais leur habillement ne répond pas tout à fait à cette qualification. Leurs vêtements n'ont pas un caractère religieux et manquent d'uniformité. La sœur qui dirige cette école depuis quarante ans, est la seule qui porte une robe de laine blanche ; et comme je m'étonnais que les autres ne portassent pas un costume religieux et uniforme, selon l'usage adopté dans toutes les congrégations, cette bonne sœur m'a répondu avec une simple et franche humilité qui m'a beaucoup touchée, que c'était par économie et pour ménager leurs vêtements religieux. Moins modeste, elle aurait pu ajouter que c'était pour pouvoir vêtir trente pauvres petites filles. »

La saisissante simplicité des termes de ce rapport nous montre combien Mlle Sauvan était émue elle-même de la misère des écoles « qui n'avaient pas le bonheur d'appartenir à la ville de Paris. »

Comment l'administration eût-elle résisté aux instances d'une femme qu'elle savait si clairvoyante, si maîtresse d'elle-même, si ennemie de toute exagération ? Comment aurait-elle pu rester indifférente,

en présence de si grands services, rendus par de
pauvres religieuses, avec une abnégation dont leur
dénûment augmentait encore le mérite ?

Une cause ainsi présentée était une cause gagnée,
et il arrivait même assez souvent qu'on accordât à
l'inspectrice plus qu'elle n'avait osé demander.

XI

Mais convenons que toutes ces améliorations par-
tielles, réclamées pour rendre les locaux habitables,
n'étaient guère que des palliatifs impuissants et qui
ne laissaient pas que d'être fort coûteux. Mlle Sauvan
ne l'ignorait pas ; mais elle voulait alors tout le
possible, s'en remettant à l'avenir du soin de faire
le reste.

Il est à remarquer que ces demandes de secours
ne venaient guère que des écoles congréganistes.
C'est que soutenues d'abord par la bienfaisance
privée, ces écoles prenaient en peu de temps un tel
développement que la charité, si généreuse qu'elle
fût, ne pouvait bientôt plus suffire à l'entretien de
son œuvre. Dans ce cas, on s'adressait à la Ville qui
chargeait Mlle Sauvan de voir ce qu'il y avait de

fondé dans la demande, et dans quelle mesure l'école devait être secourue.

Alors l'inspectrice s'y transportait, voyait tout par ses yeux, questionnait les intéressées, examinait les élèves, se rendait compte de l'état des locaux et des ressources, et enfin, après une enquête minutieuse et approfondie, rédigeait un rapport presque toujours favorable, parce qu'il arrivait bien rarement que les réclamations ne fussent pas justifiées et au-delà.

Cependant nous en avons un là, qui remonte au 13 juillet 1844, où l'inspectrice se prononce pour la négative, et elle appuie sa conclusion de considérations qui montrent que la question de convenance ne lui était pas plus indifférente que le bon emploi des ressources de la Ville.

Il s'agit d'une dame qui propose de fonder un pensionnat mi-laïque, mi-congréganiste, à condition que le préfet s'engage à payer le traitement des religieuses, le loyer de la maison et les frais de la distribution des prix.

Mlle Sauvan ne se laisse pas prendre aux apparences trompeuses de cette combinaison hybride, qui n'avait en réalité d'autre mobile que l'intérêt personnel, et voici comment elle motive son refus :

« Je crois, dit-elle, qu'il serait prudent d'attendre que l'établissement eût marché pendant quelque temps, et que ses chances de succès et de stabilité pussent être appréciées ; car la ville de Paris ne doit pas, ce me semble, accorder son concours aussi bien qu'attacher son nom à une maison dont l'existence peut chaque jour être mise en question. Dans l'affaire dont il s'agit, il n'y a pas de présent, et le passé doit inspirer quelques craintes pour l'avenir. »

Voilà bien Mlle Sauvan telle qu'elle fut toujours, consciencieuse et impartiale, ne séparant jamais la dignité de l'administration des intérêts qu'elle avait pour mission de surveiller.

Cette rigidité de principes, ce sentiment si vif et si juste du devoir, ne laissèrent pas que d'inspirer quelque inquiétude aux subordonnées. Les religieuses surtout n'étaient pas sans défiance à l'égard d'une femme qui avait compté de si chaudes sympathies chez les libéraux les plus illustres de la Restauration. D'ailleurs, comme elles ne connaissaient Mlle Sauvan que par la protection déclarée qu'elle accordait à l'enseignement mutuel, elles craignaient toujours que l'inspectrice ne s'en ressouvînt dans ses appréciations de la méthode simultanée qu'elles pratiquaient et qu'elles n'avaient pas l'intention de changer ; et puis enfin, pour tout dire, les religieuses se sentaient humiliées d'être soumises à une autorité qu'elles n'avaient pas choisie, mais qui leur avait été imposée par le Comité Central.

Cependant Mlle Sauvan eut bientôt triomphé de ces appréhensions et de ces scrupules par la droiture de ses intentions, la fermeté de son caractère, et tout ensemble par la supériorité de son esprit et cette bonté sérieuse, réfléchie, qui se donnait toujours à propos et à qui en était digne.

Arbitre très-écouté dans toutes les questions scolaires qui s'agitaient, décidant les cas les plus difficiles avec un rare sentiment de justice et de conciliation ; se montrant partout sage et équitable dans ses décisions, éclairée et prudente dans ses conseils, bienveillante, quoique sévère, dans ses réprimandes, et n'usant jamais de son autorité pour punir, qu'avec la plus grande réserve, elle ne pouvait manquer de ramener promptement à elle la confiance qu'on lui avait d'abord refusée, en sorte que laïques et congréganistes en étaient venues à considérer Mlle Sauvan comme le meilleur juge de leurs intérêts et le plus sûr défenseur de leurs droits.

On ne voyait plus en elle que l'intermédiaire indispensable du personnel des écoles auprès de l'autorité. Comme les moindres détails de l'administration lui étaient familiers, et qu'en outre, elle connaissait individuellement toutes les institutrices et même les monitrices, on venait à elle avec con-

fiance, persuadé que personne n'était mieux en état
de trancher une difficulté, d'éclaircir un doute, et
même, ce qui arrivait souvent, d'intervenir avec
tact et mesure dans les différends qui s'élevaient
entre adjointes et directrices.

XII

Dans l'été de l'année 1863, une adjointe vint se
plaindre à Mlle Sauvan que sa directrice l'obligeât
chaque jour à garrotter, comme un véritable prisonnier, une élève fort remuante. Ce scrupule de la
part de l'adjointe était bien légitime, et l'inspectrice
le comprit. Cependant il fallait agir avec discrétion
pour prévenir un conflit et sauver l'autorité.

Dès le lendemain, elle se rend à l'école, où elle
ne manque pas de trouver l'élève attachée comme à
l'ordinaire. C'était la directrice elle-même qui s'en
était chargée, l'adjointe s'y refusant absolument.
Allant droit à l'élève, « il faut, lui dit Mlle Sauvan,
que vous ayez été bien méchante aujourd'hui, pour
qu'on vous attache comme un animal. » Puis, l'ayant
fait détacher, elle la gronda, sans la décourager ni
l'humilier, mais avec cette tendresse sévère qui

donnait à ses reproches un accent si pénétrant qu'on ne pouvait plus l'oublier.

On pense bien que la directrice, elle aussi, eut sa part de réprimandes, et qu'elle fut invitée à chercher des moyens de discipline un peu plus humains; mais cela fut fait avec tant de réserve que l'adjointe même, qui en était la cause ignorée, ne s'en aperçut qu'au changement de procédés à l'égard de l'élève.

Les faits de ce genre et d'autres bien plus graves encore n'étaient pas rares à cette époque de transition, où l'essai d'un nouveau mode d'enseignement avait amené forcément dans les écoles, un personnel inexpérimenté et par là même très-susceptible.

Les directrices mêmes, les anciennes surtout, habituées à régner sur les monitrices d'une manière absolue et ne pouvant se dessaisir brusquement de cette autorité qu'elles avaient exercée si longtemps, voulaient des adjointes aussi soumises, s'irritaient de leur résistance parfois légitime, et se plaignaient bien souvent d'un fait qui ne blessait que leur amour-propre, comme d'une atteinte portée à la bonne tenue de la classe, confondant ainsi leurs susceptibilités personnelles avec des intérêts complétement séparés.

XIII

Dans ces circonstances délicates, Mlle Sauvan était merveilleuse de prudence, de tact et de raison. Elle appelait séparément les plaignantes, appréciait leurs griefs, tout en faisant la part de ce qu'il pouvait y avoir d'exagéré dans leur témoignage, et jugeait ensuite avec sa conscience et avec son cœur, sans jamais laisser échapper devant les inférieures un signe même de désapprobation, qui eût pu diminuer le prestige de l'autorité, si coupable qu'elle lui parût.

C'est ainsi qu'à force d'équité et de ménagements, elle entretenait l'union et la paix dans un personnel qui n'était pas encore fixé sur ses devoirs et ses droits réciproques, et ne savait pas bien où le commandement et l'obéissance devaient s'arrêter.

XIV

Au point de vue des études, dont l'inspection lui était également confiée, Mlle Sauvan ne se montrait ni moins sage ni moins éclairée. On ne se figure pas ce qu'elle faisait de bien dans l'école qu'elle visitait. On ne redoutait pas sa présence : on la désirait, on l'accueillait comme celle d'un juge équitable et bienveillant, j'allais dire, comme celle d'une amie. Sa parole, empreinte à la fois de bonté et de discrétion, rassurait les élèves, fortifiait l'autorité des maîtresses, et était pour tout le monde une incitation au bien.

Avait-elle à dire une vérité qui dût être désagréable au professeur, ou qui aurait pu diminuer son influence dans la classe; elle la présentait aux élèves sous la forme d'un conseil ou d'un reproche affectueux, et dans ce cas la maîtresse ne se trompait pas sur l'intention de l'inspectrice : elle lui savait gré de sa prudence et profitait du conseil.

Il y a mille manières d'infliger un blâme; mais il faut du tact et une grande délicatesse de sentiments pour le faire sans froisser des susceptibilités souvent très-respectables.

Avec bien d'autres qualités éminentes, Mlle Sauvan possédait celle-là à un rare degré. Toutes les institutrices qui l'ont connue, et celles même qui ont été l'objet de vérités un peu dures, n'en parlent qu'avec admiration, tant il y avait d'indulgence dans ses reproches et d'honnêteté dans ses jugements.

Lui arrivait-il de se tromper sur les personnes et de leur adresser un blâme immérité, elle n'hésitait pas à faire aussitôt les premiers pas pour réparer ce qu'elle appelait ses torts, et elle le faisait avec une sincérité et une franchise qui vous rendaient presque heureux de son erreur.

Le mari d'une adjointe vient la trouver un jour pour la prier de vouloir bien donner son appui à la demande d'un congé assez long qu'il sollicitait pour sa femme gravement malade. L'inspectrice, qui avait appris, par expérience, combien on abusait de ces congés que la Ville, dans sa générosité, accorde presque toujours avec traitement, se tenait en garde contre ces sortes d'instances, et ne les appuyait qu'à bon escient. Le pauvre mari, sentant qu'il y allait de la vie de sa femme, insiste peut-être plus vivement que de raison, et pour prouver qu'il n'avait pas d'intentions intéressées, qu'il ne demandait pas un repos payé, « je ne veux qu'une chose, dit-il... — le traitement, ajoute Mlle Sauvan, sans lui laisser le temps d'achever. — Non, mademoiselle, reprend aussitôt M. X... un congé *sans traitement*. »

Cela fut dit avec un sentiment de dignité blessée qui fit réfléchir l'inspectrice. Le lendemain, elle portait elle-même le congé demandé, avec le maintien du traitement, et faisait dire à M. X... qu'elle désirait beaucoup le voir, parce qu'elle avait des excuses à lui faire.

Voilà comment cette femme, d'une intelligence si haute et si ferme, entendait ses fonctions, ne se pardonnant un jugement précipité, une supposition désobligeante, qu'après avoir tout mis en œuvre pour les faire oublier.

XV

A son tour, très-susceptible et très scrupuleuse sur la valeur des procédés, elle relevait un manque d'égards pour sa personne avec une ironie vive et spirituelle qui n'était pas toujours du goût de ceux qui en étaient l'objet.

Une institutrice, qui avait à lui parler, se rend chez elle un jour de réception et trouve, en arrivant, le salon rempli de monde. Croyant sans doute que Mlle Sauvan ne l'avait pas remarquée, au lieu d'aller la saluer d'abord, elle s'arrête auprès d'une de ses collègues, et s'entretient assez longtemps avec elle, négligeant ainsi les devoirs de la politesse la plus élémentaire. L'inspectrice, à qui rien n'échappait, s'avance vers elles, et leur dit avec cet accent qui lui était particulier : « Eh bien, mesdames, il paraît que vous vous êtes donné rendez-vous dans mon salon? Ne vous gênez pas; faites vos petites affaires;

quand vous aurez fini, je suis à votre disposition. »

La leçon était vive, mais n'était-elle pas un peu méritée?

Une autre fois, Pain, auteur dramatique assez distingué du temps de la Restauration et ami de Mlle Sauvan, s'avisa de la reprendre en présence d'une société nombreuse, sur une expression qu'il trouvait impropre. Loin d'en montrer de l'humeur, Mlle Sauvan le remercia au contraire de sa franchise : « Ah ! monsieur, lui dit-elle, que je vous suis obligée, et qu'il faut que vous me portiez un véritable intérêt pour n'avoir pas craint de me reprendre ainsi devant tant de monde ! »

Elle lui donnait là très-poliment, une leçon de tact et de savoir-vivre dont l'intention n'échappa à personne, et moins à Pain qu'à tout autre.

Cependant il ne lui en garda pas rancune; car, à quelque temps de là, il lui dédia une de ses romances : *Sophie d'Isembourg*, qui fut la cause d'une petite aventure assez piquante pour être rappelée.

Nous la trouvons racontée tout au long, dans une lettre de Bouilly à Mlle Sauvan, qui continuait à être le critique respecté, mais pas toujours assez écouté de ce dernier, après avoir été son élève. Il s'agit encore d'ouvrages envoyés à Mlle Sauvan :

« Voici, lui dit-il, trois autres volumes dont vous

ferez l'usage qu'il vous plaira. Je vous les envoie dans la même enveloppe que vous avez employée, et qui vient de causer un scandale dont je suis encore... Pain était chez moi pour me lire sa *Grisélidis*, qu'il vient de faire recevoir au Vaudeville. Je défais votre paquet, et je jette négligemment l'enveloppe... Ne voilà-t-il pas que cette enveloppe se trouve être la romance de *Sophie d'Isembourg*, portant en tête ces mots :

« *Joseph Pain à Mlle Lucile Sauvan.* »

« L'auteur en a rougi de dépit, et n'a pu s'empêcher de dire qu'il paraissait que vous ne faisiez pas grand cas de ce qu'on vous offrait : moi, j'ai soutenu le contraire, et j'avais bien mes raisons. C'est une erreur, lui dis-je ; et la romance historique aura été prise par mégarde ; je vais la renvoyer, et faire connaître de quel trésor on se privait.

« Je remplis donc mon message, en vous prévenant de prendre garde une autre fois aux enveloppes dont vous vous servirez. Pain est encore tout ébahi de ce sacrilége. Envelopper mes pièces avec ses romances !...

« Le scandale est piquant, il faut en convenir. Si vous en riez autant que moi, vous ne serez pas gentille.

« Adieu. Toussez moins que la nuit dernière. »

Bouilly avait raison : c'était par mégarde que la romance de Pain avait servi d'enveloppe, et Mlle Sauvan en était tout à fait innocente, car ce n'était même pas elle qui avait fait le paquet. On s'expliqua et l'on continua à vivre dans les termes de la plus franche amitié.

Mlle Sauvan, on l'a dit, avait bien de l'esprit, et pour être vrai, il faut ajouter qu'elle y mêlait parfois un grain de malice. Chez elle, la réplique était prompte, juste, et partait comme un trait vif et brillant, mais rarement acéré. Son extrême bonté venait toujours à propos pour tempérer ce que ses paroles eussent pu avoir de blessant pour l'amour-propre. Ses amis la connaissaient bien, et loin de s'en plaindre, ils admiraient au contraire cette disposition naturelle qui était chez elle une grâce bien plus qu'un défaut.

XVI

Un des hommes qui me semblent avoir eu pour Mlle Sauvan l'attachement le plus désintéressé, le plus affectueux et le plus sincère, c'est M. Cochin, qui prit une part si active et si intelligente à toutes les bonnes œuvres accomplies de son temps. La génération de 1830, qui comptait beaucoup de personnages recommandables, doit le placer au rang des meilleurs et des plus utiles.

C'est lui qui fonda de ses deniers et organisa la première salle d'asile qu'il y eut à Paris, ainsi qu'une école, rue St-Hippolyte, qui porte encore son nom. Il ne faisait d'ailleurs que continuer ces traditions de probité et d'honneur qui se sont perpétuées dans cette ancienne famille parisienne et dont son fils, M. Augustin Cochin, a conservé jusqu'à la fin le glorieux privilége. Il a en cela complétement justifié les prévisions de son estimable père, qui l'appelle souvent, dans ses lettres à Mlle Sauvan, *un autre lui-même.*

En lisant cette volumineuse correspondance, on voudrait tout citer. Aimables, spirituelles, faciles, ces lettres respirent un parfum d'honnêteté si sincère et si communicative, qu'on se trouve meilleur après en avoir lu quelques-unes.

Quel ami Mlle Sauvan avait là! et qu'elle était bien faite pour en sentir tout le prix! Une œuvre commune, louable entre toutes, l'œuvre des Ecoles, avait fait se rencontrer ces deux nobles âmes, qui avaient déjà tant d'autres points de contact dans la secrète conformité de leurs sentiments.

Un attrait irrésistible pour le bien, un intérêt passionné pour l'enfant du pauvre, avait fait naître cette étroite et mutuelle sympathie, et « leur vieille amie l'Instruction primaire » avait fait le reste. Instruire les classes ouvrières pour les rendre meilleures, et prendre, avant tout, pour point de départ la religion, tel était le rêve de M. Cochin, et à ses yeux, personne n'était mieux en état de le réaliser que Mlle Sauvan. « Trouvez, lui disait-il, le moyen de vivre éternellement, et je serai tranquille en mourant, sur l'avenir de nos écoles. »

Ainsi se termine une lettre charmante de confiance et d'abandon, où il appelle son amie, « tyran d'elle-même, amie de tout bien. » C'est qu'il vient de lui reprocher doucement de ne pas assez se servir de lui, et de se montrer trop discrète dans l'emploi de son crédit.

« Aimable et vénérable amie, les jours, les mois, les ans se précipitent sans que je voie des garanties d'avenir se former autour de vous ! Je vous vois le mercredi plus souvent qu'autrefois ; mais je ne vous vois plus en séance de conversation intime sur l'avenir des vôtres. N'aurons-nous donc pas deux heures de conférence avant les vacances pour parler de l'organisation future de la maison du passage St-Pierre [1] et de tant de choses qui vous touchent

1. L'école du passage St-Pierre reçut en effet une nou-

de trop près pour que vous leur portiez intérêt ! »

Ami excellent et généreux, qui ne sépare pas, dans sa pensée, un souci plus intime de l'œuvre à laquelle il a consacré sa vie ! Mais Mlle Sauvan avait trop de fierté de caractère pour descendre jamais au rôle de solliciteuse, et mettre à profit pour elle-même un crédit qu'elle ne voulait faire servir qu'à ses écoles.

Cependant son respectable ami ne se rebute pas ; il revient sans cesse sur la nécessité d'assurer un avenir aux nièces de Mlle Sauvan, et c'est constamment que cette pensée se mêle dans ses lettres à d'autres préoccupations d'un intérêt plus général.

Il lui envoie un jour une proposition qu'il doit faire au Comité central, et la rédaction ne le satisfait pas : « Vous déciderez, lui dit-il, si c'est en même temps une indiscrétion ; si elle est entachée de ce caractère, vous en ferez une allumette pour votre feu, qui en a quelquefois besoin ; si, au contraire, il y a lieu de la prendre en considération, vous délibérerez *comme un comité.* »

Voilà jusqu'où allait la confiance de M. Cochin dans les lumières de son amie. Il lui soumettait tous ses projets sur les écoles et n'était tranquille, qu'a-

velle organisation en 1840, et prit le nom d'école supérieure sous la direction de Mme Pelleport.

près avoir obtenu l'approbation de Mlle Sauvan. Il lui expose le fait dont il s'agit, et il ajoute : Si vous étiez au faubourg Poissonnière à onze heures, nous pourrions refaire mieux l'article 2, et aller ensemble à l'Hôtel-de-Ville. J'ai dit, j'attendrai demain. Aujourd'hui, je n'attends pas pour vous dire que je voudrais vous voir heureuse, vous et vos enfants, vous le savez bien. Tâchez que je vous serve à quelque chose, pendant que je suis là; j'aurai sous peu tant de raisons pour en sortir. Ne laissez pas de regret à votre ami. »

M. Cochin était député du 12e arrondissement de Paris à cette époque, et il faisait en même temps partie de toutes les associations de bienfaisance. L'estime dont il jouissait eût assuré le succès de ses démarches, surtout en faveur de Mlle Sauvan, dont les services étaient si hautement appréciés. Cependant elle résista encore à ces instances si désintéressées, s'en remettant comme toujours à la Providence pour l'avenir de ses nièces. « Dieu y pourvoira, » disait-elle, quand cet ami, d'un dévouement si rare, l'avait mise à bout d'arguments.

Malgré une foi sincère et profonde, M. Cochin ne partageait pas l'entière confiance de Mlle Sauvan, et il est probable qu'il ne s'en fût pas tenu là, s'il eût vécu plus longtemps; mais la mort l'a surpris, encore jeune, au milieu de ses projets et dans toute l'ardeur de son dévouement à l'œuvre des écoles [1].

Il semble même qu'il en ait eu parfois le pressentiment, et nous pourrions citer plus d'une lettre où il parle de sa fin prochaine en philosophe et en chrétien.

Le 28 août 1836, il écrit à son amie pour la remercier de tout ce qu'elle vient de faire en faveur de l'école Cochin. La lettre est longue, et tour à tour sérieuse, enjouée, spirituelle. Mais voici comment elle se termine :

« Il me reste encore quelques années à *dévivre*. J'aime à voir ceux qui doivent vivre après moi. Je serais heureux d'utiliser mon passage, en leur laissant bon souvenir de moi. J'espère que vos nièces diront un jour : « Te souviens-tu du *Père Enfantin*? Il nous faisait l'effet du chat avec sa figure douce et sa bouche relevée d'un coin ; nous craignions l'égratignure, et cependant nous étions portées à la confiance. En définitive, nous avons été heureuses de le connaître ; il était facile à vivre comme un enfant, ne disait guère de paroles inutiles et il y avait profit à l'écouter. Un jour il nous conseilla d'appliquer

---

1. M. Cochin mourut le 19 août 1841. Son convoi eut pour cortège tous les pauvres de Paris. Il n'était âgé que de 52 ans.

notre esprit, de songer à l'avenir, de nous faire un bonheur personnel, à l'abri des événements : il eut raison et mérite bien que nous lui disions un *De profundis.* »

Puis il s'excuse de finir sa lettre par des pensées si tristes, et il ajoute : « On n'est pas toujours gai, quand on est véritablement ami; cela vaut encore mieux que *humble et obéissant serviteur.* »

Cette lettre consacrée, en grande partie, à des recommandations relatives aux écoles, et qui n'est qu'une réponse, commence pourtant d'une manière bien flatteuse pour Mlle Sauvan.

« C'est une grande affaire, lui dit M. Cochin, que d'être secrétaire du Comité central; mais je vois que si le secrétaire actuel disparaissait, il serait admirablement remplacé par le rédacteur du *Moniteur* que je viens de recevoir. »

Nous devons dire que M. Cochin était à cette époque secrétaire du Comité central, et qu'il avait prié Mlle Sauvan d'en remplir les fonctions pendant qu'il serait absent de Paris, ce dont elle s'acquittait avec l'intelligence et l'activité que nous lui connaissons.

Il reprend ensuite « dans l'ordre de leur insertion » toutes les questions qui font l'objet de ce qu'il appelle agréablement le *Moniteur*, mêlant les devoirs de sa place à ceux de l'amitié, et ne se refusant pas, de temps en temps, de mettre un peu de son charmant esprit dans ces graves sujets.

A propos d'une école dont on veut changer la dénomination :

« Je ne m'oppose pas, dit-il, à ce que l'école B..... s'appelle école *Carnot*. J'ai lu autrefois sur les grandes routes, *Poste nationale*; depuis j'ai lu *Poste impériale*, puis *Poste royale*. Je préfère la rédaction adoptée depuis la révolution de Juillet : On lit de ses deux yeux, *Poste aux chevaux*. »

C'est une critique assez piquante à l'adresse des gens qui pensent qu'il y a un intérêt d'État à dépouiller les rues de noms consacrés par le temps, et souvent par la reconnaissance publique , et s'ingénient à leur en donner d'autres qui ne rappellent que des souvenirs qu'on voudrait oublier.

Il dit encore, en parlant d'une méthode de lecture vivement attaquée dans le Comité central par l'inspecteur, M. Sarrasin : « Il faudrait peut-être prévenir M. le Préfet de l'opinion de M. Sarrasin, pour qu'il l'en fasse changer, et lui ordonne une extinction de voix pour le jour de la séance. Il me paraît urgent de *gagner du temps*. »

XVII

Gagner du temps, attendre que le jour se fasse, que les irritations d'amour-propre s'apaisent, que la réflexion revienne aux plus passionnés, n'est-ce pas encore le moyen le plus sage de résoudre les questions les plus délicates?

M. Cochin se peint lui-même dans ces quelques mots. D'un caractère doux et conciliant, ennemi déclaré de tout ce qui peut irriter les esprits sans les convaincre, il savait, comme il le dit lui-même dans une de ses lettres, « *qu'on prend plus de mouches avec du miel qu'avec du vinaigre.* »

Avec les mêmes dispositions à ménager toutes les susceptibilités, Mlle Sauvan gardait cependant une attitude plus ferme, plus ouverte. Mais il y avait dans sa franchise, parfois un peu brusque, un si grand fond de raison et de bonté, qu'il n'était guère possible de ne pas se ranger de son côté, quand elle avait fait connaître son avis.

A l'égard des personnes qui lui étaient soumises, sa conduite était la même, blâmant vivement, sévèrement une faute, mais gardant presque toujours le secret pour elle, quand la faute ne lui ôtait pas tout espoir de retour au mieux. Aussi pouvait-elle, à la fin de sa vie, se rendre ce témoignage, qui résume tout ce qu'il y eut d'excellent dans son administration :

« Si j'ai eu un mérite, disait-elle, c'est celui de m'être réservé la sévérité et le blâme, et de n'avoir jamais traduit devant l'autorité compétente, les institutrices qui auraient pu y être renvoyées. J'ai toujours été zélée, mais je n'ai jamais aimé *à faire du zèle.* »

Quelle leçon pour tous ceux qui ont charge d'âmes et qui seraient tentés de « faire du zèle, » en exagérant, aux yeux de l'autorité, les torts de leurs inférieurs, pour lui faire croire qu'eux seuls font leur devoir, quand eux seuls, au contraire, ne le font pas ou le font mal !

XVIII

Personne n'appréciait plus que M. Cochin ces rares qualités de Mlle Sauvan. On en retrouve l'expression dans toutes ses lettres et sous toutes les formes : « A toute heure, chaque jour, vous voir, vous entendre me sera bon , lui dit-il, dans une lettre datée de 1837. Je sais qu'il ne vous est pas possible de me donner beaucoup de temps, c'est pour cela que je demande vivement. »

Et dans une autre qu'il lui écrit, en lui envoyant un de ses ouvrages « *en feuilles*, pour qu'elle veuille bien l'examiner », il se plaint que trois quarts d'heure le jeudi matin, c'est trop peu : « Il y a, dit-il, au moins une cinquantaine de questions sur *notre métier* que nous n'avons pas encore approfondies. Si je passais une soirée dans votre salon, est-ce que nous ne pourrions pas causer, sans trop ennuyer votre famille et sans trop redouter les visites ? »

Puis il plaisante sur l'expression de *métier*, qui vient de lui échapper, en parlant de leurs occupations réciproques : « Vous allez me gronder de dire *notre métier*. On dit bien le métier des armes, et pendant 1829 ans, six mois et sept jours, ce métier a fait les rois ; si nos élèves deviennent rois, l'expression n'est-elle pas légitime ? » On voit que sous une forme spirituelle et légère, M. Cochin se souvient d'un temps où, en effet, deux enfants des écoles primaires sont devenus rois.

Une indisposition le retient-elle chez lui, il ne peut se passer de voir Mlle Sauvan. Il lui semble qu'avec elle, il se trouve plus fort, plus sûr de lui.

« Visiter les malades, lui écrit-il, et les consoler, doit être une inclination de votre âme compatissante, noble, dévouée. » Et il la prie de passer par « son faubourg » en se rendant à l'Hôtel-de-Ville, où la Commission doit se réunir. « Vous porterez en mon nom quelque demande d'ajournement, et en résumé, vous serez moins inquiète de moi en m'ayant vu, et moi plus content en vous voyant. »

Il ajoute en terminant cet aimable billet :

« Comptons toujours sur notre bonne et sincère amitié, et soyez sûre que le moment où j'aurai le plaisir de vous voir sera toujours un bon moment. »

Dans une lettre intime et remplie de détails charmants sur ses enfants, sur Augustin surtout, qui n'a pas eu plus que son père « le temps de réaliser tout le bien qui était dans son cœur, » il gronde avec une douce philosophie et beaucoup d'esprit son amie d'un mouvement de découragement :

« Ne vous affligez pas de *dévivre*, lui dit-il, c'est sur le retour de la saison que les plantes émettent leurs meilleurs fruits. Nons sommes chargés de déposer quelques bons germes dans cette grande affaire des écoles qui mérite tout notre intérêt, et qui pourrait aller si mal en la laissant aux mains des indifférents. Quant à survivre, je suis devenu doctrinaire vis-à-vis de la mort : *je la méprise comme un fait*, et je dis qu'on ne meurt pas quand on sait vivre. Les personnes que j'ai le plus aimées m'ont laissé après elles ; elles vivent encore dans ma pensée. Vivons bien. Dieu fera le reste. »

Pieux et résigné dans sa foi, ce chrétien sincère, ce véritable homme de bien, porte au cœur, on le sent dans toutes ses lettres, une blessure profonde qui saignera jusqu'au dernier jour. Après six ans de l'union la plus heureuse, il avait vu mourir toute jeune la mère de ses enfants, et avec elle, « il avait perdu toute la plénitude et toute la douceur de sa vie. » Dieu ne lui avait plus laissé de forces que pour la charité.

Elle fut désormais l'unique mobile et le charme de sa vie, et s'il se laissa porter deux fois à la députation dans le douzième arrondissement, c'est qu'il y voyait plus d'occasions d'être utile et de faire le bien.

Ce n'était pas cependant l'opinion de la reine Amélie, qui lui disait un jour : « Vous député, M. Cochin : la politique n'est pas le pays des bonnes actions. »

Mais ses éloquents discours à la Chambre sur les questions d'enseignement, de charité, du travail des enfants dans les manufactures, etc., prouvent qu'il n'avait pas déserté ce pays-là.

C'est d'ailleurs dans le temps où son mandat l'occupe le plus, en 1838, qu'il se plaint à Mlle Sauvan des trop rares instants qu'elle lui consacre pour parler d'écoles : « Nous avons là encore une cinquantaine de questions sur notre métier que nous n'avons pas encore approfondies. » Et il lui demande des entrevues plus fréquentes et plus longues.

Lui arrive-t-il une fois de « ne faire que paraître et disparaître au Comité central, » il se le reproche avec une grâce charmante : « Ce que c'est qu'un homme politique, me voilà tout *désécolé!* »

XIX

Les amis de Mlle Sauvan se réunissaient très-exactement tous les ans pour lui souhaiter sa fête, la Sainte-Lucile. C'était une ancienne habitude dont elle était très-touchée et à laquelle ceux qui l'aimaient n'avaient garde de manquer.

Une fois cependant M. Cochin oublie de s'y trouver. Aussi se hâte-t-il de s'en excuser par une lettre des plus aimables et qui ne dut pas avoir moins de prix aux yeux de Mlle Sauvan qu'un bouquet. On nous saura gré de la transcrire ici.

« J'ai oublié hier au soir la Sainte-Lucile. Croyez-vous, très-excellente et très-spirituelle amie, que je m'en sois aperçu ce matin ? nullement. Croyez-vous que votre absence du jeudi m'ait fait apercevoir de mon défaut du mercredi, pas plus. C'est à deux heures, aujourd'hui, que passant dans la rue de la Bourse, j'ai aperçu de petits paniers d'osier qui m'ont fait penser aux vôtres, et par accident à votre fête. Cela s'appelle-t-il une faute envers vous ? non. Je m'oppose à cette qualification : point de faute, sans volonté d'être coupable. Mais il y a dommage ! Oui, dommage pour moi assurément, pour vous, j'aime à le croire. Mais puisque dommage il y a, encore faut-il le réparer. Voici les réparations que je vous propose : je vous donnerai toute ma soirée de mercredi prochain ; ce sera pour moi l'octave de la fête. J'essaierai de vous prouver qu'il y a différence entre satisfaction et pénitence, n'en déplaise à la Sorbonne. Acceptez-vous ma contrition, ma réparation ? Me rendez-vous vos bonnes grâces ?

« Conservez-moi toujours votre amitié, et croyez-moi *quand même* votre solide et sincère ami.

« A Mlle Sauvan, mère adoptive des jeunes Parisiennes, »

Dénomination méritée qui termine ordinairement toutes les lettres de M. Cochin.

C'était dans ce commerce intime et presque journalier d'un pur et réciproque attachement que ces deux respectables amis échangeaient leurs idées, leurs vues, leurs projets sur les écoles, et qu'ils examinaient avec les lumières d'une expérience consommée toutes les mesures à proposer ensuite au Comité central.

Jamais amitié fondée sur la vertu ne fut plus féconde en bonnes œuvres. Mais la mort de M. Cochin devait bientôt rompre prématurément des relations si douces et qui donnaient encore de si belles promesses !

M. Cochin profondément atteint, depuis la mort de sa femme, dans une santé déjà délicate, épuisa, au milieu d'innombrables travaux, les restes d'une vie si précieuse, consacrée aux malheureux jusqu'au dernier souffle. On peut dire qu'il est mort à leur service.

XX

Nous avons là probablement sa dernière lettre à Mlle Sauvan : elle est du 29 juillet 1841, vingt jours avant sa mort. Il est déjà très-souffrant, mais rien n'annonce qu'il eût le pressentiment de sa fin prochaine.

« Deux graves motifs que vous connaissez m'appellent demain au Comité central ; mais il me paraît douteux que je puisse être guéri dans un aussi bref délai, d'une fièvre qui se montre féroce. Je vous remercie de toutes les bonnes recommandations dont vous avez entouré mes chers enfants. »

Ainsi les intérêts de ses écoles se partagèrent avec ses enfants les dernières pensées de cet homme de bien, qui vit approcher la mort avec la fermeté et la résignation du chrétien et du sage, attristé seulement de laisser tant d'œuvres inachevées, et deux fils bien jeunes encore pour être privés d'un guide si tendre, si éclairé et si sûr.

Cette perte douloureuse ne fut pas la seule qui vint, en ce temps-là, frapper Mlle Sauvan. L'année précédente, elle avait vu mourir son vieil ami Bouilly, auquel l'attachaient des souvenirs de quarante ans. C'est lui qui lui disait, dans une de ses dernières lettres : « C'est une chose bien respectable que la vieille amitié. » Et il ajoute tristement : « Mais je sens que je n'ai plus guère de temps à jouir de cette douceur. »

XXI

Cependant, loin de se laisser abattre par cette cruelle épreuve, il semble que Mlle Sauvan en ait cherché l'adoucissement dans un travail encore plus opiniâtre.

Dans cette année même, elle mettait la dernière main à son *Manuel pour les écoles communales*, qui fut tout aussitôt couronné par l'Académie française, autorisé par le Conseil royal et honoré de beaucoup d'autres suffrages.

Le succès de ce livre fut si complet que quelques mois suffirent pour en épuiser la première édition, chose assez rare pour un ouvrage d'éducation, un manuel surtout. C'est que cet écrit, comme tout ce qui est sorti de la plume de Mlle Sauvan, se recommande par des qualités de composition et de style, qui ne vieilliront pas, bien que l'adoption de l'enseignement simultané en ait restreint l'usage.

Il y a là des conseils et des réflexions qui garderont leur mérite d'actualité aussi longtemps que les écoles compteront des instituteurs consciencieux et dévoués à leurs fonctions.

On retrouve bien partout, et c'est ce qui fera vivre ce travail, l'esprit ferme et élevé qui a conçu le *Cours normal*, ce livre excellent, qui a fondé la réputation de Mlle Sauvan ; mais dans le *Manuel*, le point de vue est différent, pédagogique plutôt que moral. L'auteur entre dans les détails de l'enseignement ; il en indique les procédés qui lui paraissent les meilleurs, et il le fait avec tant d'autorité et de raison que, sans qu'il veuille les imposer, ces procédés s'imposent d'eux-mêmes par les avantages évidents qu'ils présentent et les résultats qu'ils promettent.

Point de ces innovations hâtives, improvisées, qui n'ont que le mérite de flatter la vanité de l'inventeur, et même de favoriser sa paresse, en le dispensant d'étudier les bonnes méthodes, celles qui ont pour elles la sanction de l'expérience et du temps.

« Rien n'est plus commun, dit avec un grand sens Mlle Sauvan , que la disposition de trouver ses propres inventions plus flatteuses ou plus utiles que les inventions d'autrui. Mais défiez-vous-en. L'unité de l'enseignement est à ce prix. »

Recommandation très-sage, avec le mode mutuel surtout, composé de tant de détails qui étaient comme les rouages indispensables de ce savant mécanisme. Le moindre changement pouvait amener les désordres les plus graves, et troubler toute l'économie de cet ingénieux système. C'était là un de ses dangers, le plus grand peut-être et aussi le moins facile à conjurer.

XXII

Mlle Sauvan examine ensuite, une à une, les parties du programme, en s'arrêtant souvent sur les plus importantes, pour montrer tous les avantages qu'en peut tirer une bonne institutrice. Rencontre-t-elle des questions qu'elle a déjà traitées dans le *Cours normal*, commè l'*Instruction religieuse*, l'*Éducation*, l'*Ordre*, etc... elle ne se répète pas ; elle ne se ressemble jamais ; et avec ce style naturel, nerveux et soutenu que nous avons déjà apprécié, elle trouve des tours gracieux, des pensées neuves, des développements inattendus et si justes, qu'après les avoir lus et comparés avec les premiers, on ne sait auxquels donner la préférence.

Quoi de plus judicieux par exemple, et de mieux dit que ces réflexions sur les effets de la prière ? Elle vient de remarquer que les enfants perdent bien vite de vue les bonnes résolutions qu'ils ont pu prendre pendant la prière du matin, et elle ajoute :

« Notre infidélité à nos promesses vient bien souvent de notre légèreté. Nos résolutions s'affaiblissent, parce que nos impressions s'effacent, et nous sentons la nécessité de fortifier les unes en renouvelant les autres. Les enfants, dont l'imagination est si mobile, ont plus que nous encore besoin de ce secours. A leur âge, une journée est toute une vie, et le matin est pour eux aussi loin du soir, que l'enfance est pour nous loin de la vieillesse. »

Comparaison charmante où la vérité vient si heureusement s'unir à la grâce, pour compléter une analyse que ne désavoueraient pas nos plus grands moralistes.

XXIII

Mais ces aperçus, d'une touche si délicate et si juste, ne font pas oublier à Mlle Sauvan qu'elle s'adresse à des institutrices, qui ont le devoir de surveiller toute l'école, non-seulement les élèves, mais aussi le mobilier affecté à leur usage, et elle ne croit pas amoindrir le prestige des maîtresses, en leur conseillant « d'accoutumer leurs enfants au soin, à la propreté, à l'économie, aux précautions conservatrices ; vertus modestes, dit-elle, mais qui sont au premier rang dans les obligations des femmes. »

Il n'est que trop fréquent, en effet, de rencontrer

des institutrices qui croiraient déroger, si elles s'occupaient de ces détails. Elles ne savent pas ou ne veulent pas savoir qu'elles ont à corriger dans toutes leurs fautes « des élèves étourdies et brusques dans leurs mouvements, destructives dans leur légèreté. » Elles ne songent pas qu'un jour ces jeunes filles « seront chargées de l'administration d'une maison, de la conduite d'un ménage, du soin d'un mobilier, d'autant plus précieux qu'il est simple, d'autant plus utile à conserver qu'il a été acquis par un labeur plus pénible. C'est alors que les exemples donnés à l'école recevront leur application ; c'est alors que les habitudes contractées dans l'enfance assureront le bien-être de toute la vie. »

L'avenir qui attend les élèves confiés à nos soins, voilà ce que tout maître dévoué ne doit jamais perdre de vue. Celui qui n'a pas ce souci toujours présent à la pensée, ne donne qu'un enseignement précaire, borné, sans perspective et sans horizon ; il instruit au jour la journée, et il ôte ainsi à sa tâche tout ce qui en fait la grandeur, je dirais presque la sainteté.

XXIV

Nulle part cette préoccupation de l'avenir des enfants ne s'affirme plus énergiquement que dans le *Manuel*. Elle fait, pour ainsi dire, le tourment de l'auteur, et c'est souvent en parlant des travaux les plus vulgaires, qu'il rencontre les vérités les plus hautes et les plus saisissantes.

Qu'on lise le chapitre que Mlle Sauvan a consacré à la *Couture*, et l'on sera étonné des réflexions élevées et pleines de prévoyance qu'il renferme.

« C'est en se livrant, dit-elle, à cette modeste occupation, que les femmes emploient, quelle que soit leur position dans le monde, le plus utilement tous les moments de leur vie, et qu'elles échappent aux dangers de l'oisiveté ou aux attraits de la dissipation. »

Ce qui lui importe, avant tout, ce qu'elle recommande avec le plus d'instances, c'est que les élèves soient toujours occupées : « Car le temps, ce trésor dans lequel on prend à chaque minute sans jamais pouvoir l'épuiser, est surtout précieux pour le pauvre. »

Mais Mlle Sauvan sait par expérience que la couture n'est pas un travail qui demande assez à l'esprit.

« Le danger évité pendant les travaux intellectuels, existe pendant le travail à l'aiguille; la jeune fille coud, sa pensée marche : le temps se passe, l'heure s'écoule. On examine son ouvrage, on juge ce qu'elle a fait ; sait-on ce qu'elle a pensé? quels objets l'ont occupée? à quels sentiments, à quels projets, à quels souvenirs elle s'est livrée? »

Et l'auteur conseille, pendant l'exercice de la couture, une lecture instructive et intéressante qui s'empare de l'attention de toutes les élèves, et l'empêche de s'égarer sur des objets moins innocents.

Mlle Sauvan voudrait même que l'institutrice profitât de cette espèce de récréation silencieuse, « pour causer familièrement avec ses enfants, pour expliquer tel acte de sévérité ou tel acte d'indulgence qui aurait pu dans la journée paraître une injustice, pour donner des conseils, pour faire le récit de quelques belles actions, pour raconter la triste suite d'un défaut, d'une faute, d'une imprudence, pour soumettre à son jeune auditoire une question dont la solution ne demande qu'un esprit droit et un cœur pur. Si le zèle de l'institutrice, ajoute-t-elle, est ardent et sage, jamais la leçon de couture ne paraîtra trop longue à ses enfants, et

cette leçon productive en résultats matériels , le
sera encore plus en résultats moraux. »

Ainsi , par l'élévation naturelle de sa pensée,
Mlle Sauvan voit toujours et en toute chose, le côté
moral, les sommets lumineux, d'où elle fait descendre sur les occupations les plus ordinaires ,
quelques doux rayons qui calment, qui éclairent et
qui consolent.

De là, comme nous l'avons vu plus haut, ce style
parfois bref et concis, ces expressions rapides et
vives, ces questions pressées et qui appellent une
réponse qu'on craint de deviner.

XXV

Le mérite sérieux du *Manuel* et l'attention toute
particulière dont il fut l'objet, vinrent encore aug-
menter l'influence déjà si grande de Mlle Sauvan,
dans les conseils de l'Instruction primaire. Elle en
était comme l'âme et l'oracle, et la place importante
qu'elle y tenait avait fini même par lui créer à Paris
une sorte de popularité respectueuse, dont elle re-
cueillait chaque jour les témoignages les plus spon-
tanés et les plus flatteurs.

On s'inclinait en la voyant passer, et on se la désignait tout bas : « Voilà, se disait-on, *la petite Mademoiselle Sauvan*, celle que M. Cochin appelait *la mère adoptive des jeunes Parisiennes.* »

Elle n'était pas en moindre vénération dans les rangs plus élevés de la société. Les personnages les plus recommandables, quelquefois les plus illustres, s'honoraient de son amitié, lui demandaient ses conseils, et même l'auraient voulue pour élever leurs filles.

Que de fois la fortune est venue s'offrir à elle sous cette forme-là! Mais elle résista toujours, si honorables et si avantageuses que fussent ces propositions. Elle aimait trop *ses enfants* pour les quitter. C'est ainsi qu'elle appelait les élèves des écoles. Tout ce qu'elle pouvait accorder, c'était qu'on suivît au même titre que tout le monde, les conférences qu'elle faisait aux jeunes institutrices.

Un soir d'hiver qu'elle rentrait de ses inspections, transie de froid et épuisée de fatigue, ses nièces lui dirent qu'elle était attendue depuis de longues heures au salon, par une jeune femme qui paraissait du meilleur monde, et qui n'avait pas voulu dire son nom. On avait d'abord tout fait pour la renvoyer au lendemain, en lui faisant comprendre qu'il lui serait bien difficile de parler à Mlle Sauvan; qu'elle ne

devait rentrer que fort tard, et probablement guère
en état de l'entendre.

Mais rien n'avait pu la rebuter : il avait fallu céder
et passer, comme dirait Saint-Simon, *par ce fâcheux
bâton.*

Sans prendre un moment de repos, Mlle Sauvan
voit cette dame, qui refuse également de se faire
connaître, bien qu'elle vienne lui demander à suivre
ses conférences.

Mlle Sauvan, qui ne comprenait rien à ce mystère,
lui déclare franchement qu'elle ne peut l'y admettre,
malgré la confiance qu'elle lui inspire, que sur des
certificats du maire de son arrondissement, et du
curé de sa paroisse. L'inconnue hésite longtemps,
et cherche vainement un moyen pour échapper à
cette exigence ; mais enfin, le désir de devenir une
élève de Mlle Sauvan l'emporte, et elle se décide à
rompre son incognito. C'était la fille du comte de X.,
qui occupait, à cette époque, de très-hautes fonctions dans l'Etat. Elle était venue, à l'insu de son
père, qui eût été humilié que sa fille suivît un cours
gratuit. Il était un de ceux qui auraient désiré que
Mlle Sauvan se chargeât de l'éducation de ses filles.

XXVI

C'était surtout au moment des examens que les sollicitations les plus séduisantes lui arrivaient en foule. Nous n'avons pas besoin de dire que dans ces occasions, elle faisait son devoir et rien de plus. D'ailleurs, on savait bien qu'on eût été mal venu à lui demander au delà.

Nous avons sous les yeux plusieurs lettres signées de noms célèbres. En voici une de Béranger, en faveur d'une jeune fille qui a parfaitement justifié tout le bien qu'il en dit. Cette lettre est charmante, pleine d'esprit et même de malice, à un certain endroit. On nous saura gré, sans doute, d'en citer une partie.

« Mademoiselle, plusieurs personnes qui ont l'honneur de vous connaître, m'ont assuré que vous voudriez bien accueillir la prière que je prends la liberté de vous adresser pour une jeune personne, à la famille de laquelle je porte un intérêt mérité.

« Arbitre suprême en fait d'éducation, Mademoiselle, il est naturel que votre protection soit un titre important pour les personnes qui se présentent aux examens dont le sort de Mlle*** va dépendre. Elle a besoin d'encouragements et d'appui pour triompher de son extrême timidité. Je vous assure, Mademoiselle, que ce défaut n'est pas un voile que je prête à l'ignorance. La jeune personne sait beaucoup ; du moins, il me le semble, à moi qui sais si peu et si peu, qu'ayant voulu quelquefois trancher du docteur avec elle, en fait de langue française, je vous confesse que je me suis trouvé, auprès d'elle, un bien piètre écolier. Je ne m'en suis consolé qu'en pensant à plusieurs de mes amis, qui sont académiciens.

« L'attacher à l'enseignement, si je ne me fais illusion, serait un service de plus, rendu à l'instruction publique par vous, Mademoiselle, dont l'esprit supérieur a déjà rendu tant de services de ce genre. »

C'est presque toujours à titre d'amis, que ses correspondants s'adressent à elle. Ainsi les lettres de Ballanche, Tissot, de Jouy, Boulay de la Meurthe, Vitet, Patin, Ulliac-Trémadeure, etc., sont remplies de témoignages de respect et d'un tendre attachement.

Ce sont du reste, et nous le regrettons, à peu près les seules que Mlle Sauvan ait conservées, archives précieuses dont une famille a le droit d'être fière !

C'est Ballanche qui, dans une lettre familièrement amicale, lui demande son appui et ses conseils pour

une jeune fille à laquelle M. de Gérando, Mme Réca-
mier et lui-même s'intéressent beaucoup. « Nulle
mieux que vous, dit-il, ne peut lui donner de bons
conseils ; elle y serait très-docile ; d'ailleurs, elle ne
pourrait qu'y être très-intéressée. »

On n'a pas oublié que Mlle Sauvan et M. de
Gérando avaient l'un pour l'autre une vive et
ancienne amitié, et ses relations avec Mme Réca-
mier, pour être moins intimes, n'en étaient pas
moins très-sympathiques et fondées sur une haute
estime réciproque. Une telle recommandation ne
pouvait donc manquer d'être bien accueillie.

Assez souvent, c'était pour un ouvrage d'éducation qu'on sollicitait l'appui de Mlle Sauvan.

Mlle Ulliac-Trémadeure le réclame pour un de
ses meilleurs livres : *Claude-Bernard* ou *le Gagne-
Petit*, qui fut couronné par l'Académie française.

Elle savait que, présenté au Comité central par
l'inspectrice, c'était assurer son adoption pour les
écoles. Après lui avoir nommé les personnages qui
le recommandent, parmi lesquels figure Béranger,
elle ajoute :

« Tels sont les titres, mademoiselle, que peut
offrir *Claude-Bernard* à votre bienveillance et à ce
zèle si ardent, si éclairé pour l'instruction publique
qui dirige toutes vos démarches et qui vous a inspiré,

en faveur des institutrices, des pages si éloquentes.

« Vous avez été pour moi si bonne, si encourageante et si indulgente, que je n'hésite pas à vous demander un appui si bien fait pour honorer. »

Voici une autre lettre, qui, cette fois, n'a pas un but intéressé : elle est de Boulay de la Meurthe. Elle annonce à Mlle Sauvan que « le Conseil municipal vient de voter très-gracieusement et spontané·ment pour elle une augmentation de traitement. » « Mais voici, dit-il, une nouvelle qui vous sera encore plus agréable : nous avons obtenu un plein succès pour les augmentations de nos instituteurs et institutrices, telles que vous les aviez demandées et qu'elles avaient été approuvées par le Conseil. »

Ce qu'on ne peut s'empêcher de remarquer encore une fois, c'est que toutes ces lettres rendent un hommage sincère au zèle éclairé, au désintéressement et à la bonté de Mlle Sauvan.

XXVII

On sait que, presque indifférente au bien qui lui arrive et qu'elle ne provoque jamais, elle n'est sensible qu'aux avantages qu'elle obtient pour les autres.

Ses amis, qui la connaissaient bien, veillaient pour elle, et lui ménageaient de temps en temps de ces surprises qui venaient grossir son modeste budget. C'est ainsi qu'en 1853, ils demandent à son insu, et obtiennent pour elle du ministre de l'Instruction publique, une indemnité littéraire annuelle de cinq cents francs.

« Je suis heureux, dit M. Fortoul, en lui notifiant cet arrêté, de vous témoigner par cette décision, l'intérêt que je prends à des travaux qui ont été l'objet de suffrages trop honorables et trop justement mérités pour ne pas appeler sur vous toute la bienveillance de l'administration. »

Honorée d'illustres amitiés, dont la mort seule avait pu diminuer le nombre, « *arbitre suprême* » et reconnue comme telle dans les choses de l'éducation, Mlle Sauvan en était à ce moment où, arrivé au sommet de sa carrière, on recueille le fruit de toute une vie d'abnégation et de labeur, dans la confiance qu'on inspire et dans l'ascendant qu'on exerce autour de soi.

XXVIII

Vingt années d'une activité laborieuse et féconde dans l'inspection, ses écrits, ses conférences aux institutrices, le désintéressement dont elle avait donné tant de preuves, l'estime, disons plus, la vénération dont elle était l'objet, créaient à Mlle Sauvan une situation exceptionnelle, et lui donnaient un crédit que nulle autre femme n'a eu depuis dans l'administration des écoles.

Elle pouvait donc tout espérer dans l'intérêt de son œuvre et des enfants pauvres, qui étaient véritablement ses enfants d'adoption.

Témoin chaque jour du dénûment des établissements scolaires gratuits, elle eût voulu que la Ville les prît tous à sa charge, et qu'elle en fît des écoles *communales*. C'est là ce qu'elle désirait le plus vivement, et il faut bien avouer qu'elle y contribua plus que tout autre par ces rapports souvent éloquents à force d'être vrais, où elle montrait, dans toute leur tristesse, tant de misères si peu secourues et pourtant si dignes de l'être.

XXIX

Ainsi, c'est grâce à l'intervention persévérante de cette vénérable femme, que la ville de Paris s'est trouvée peu à peu entraînée à *communaliser* un grand nombre d'écoles gratuites, qui n'avaient d'abord reçu que des secours insuffisants.

L'impulsion une fois donnée, l'administration devait aller plus loin, et bien au-delà même de ses prévisions. Est-ce que d'ailleurs tout changement n'en appelle pas nécessairement d'autres? C'est l'éternelle histoire de la maison en ruines qu'on prétend restaurer. Dès qu'on y a mis la main, on s'aperçoit bien vite qu'il ne s'agit pas seulement de réparer, mais de rebâtir.

En se multipliant, les écoles imposaient de nouvelles charges, et semblaient faire naître de nouveaux besoins. Le vieux mode mutuel fut remplacé par la méthode simultanée, qui transforma de fond en comble l'enseignement primaire à Paris, et devait donner de tout autres résultats. On créa deux écoles normales devenues nécessaires à un personnel beaucoup plus considérable; quatre grandes écoles professionnelles vinrent s'ajouter au collége Chaptal et à l'école Turgot, avec un programme plus élevé et plus complet; enfin deux écoles d'apprentis et un grand nombre d'écoles de dessin pour les deux sexes, telles sont les principales créations qui signalèrent l'avénement du nouveau plan d'études.

Mais faut-il le dire? Au milieu de tous ces heureux changements, il en est un que Mlle Sauvan n'aurait pas d'abord approuvé, auquel même elle s'est toujours opposée dans les écoles laïques, bien qu'il soit appelé à rendre les plus grands services, et que, dès cette époque, il ait déjà porté des fruits excellents : nous voulons parler de la substitution de l'enseignement simultané au mode mutuel qu'on avait suivi jusqu'alors.

XXX

On peut s'étonner que si dévouée à l'intérêt des écoles, n'ayant vécu et pensé que pour elles, cette femme, d'un discernement si sûr et d'un esprit si juste, n'ait vu qu'avec peine s'établir partout une méthode appliquée depuis longtemps et avec succès dans les écoles congréganistes.

Était-ce, de sa part, antipathie aveugle, systématique, ou bien ignorance absolue des avantages de cette innovation ?

On ne saurait faire à Mlle Sauvan l'injure de pareilles suppositions. D'ailleurs, dans ses fréquentes visites aux écoles congréganistes, n'avait-elle pas eu bien des fois l'occasion de se rendre compte de la valeur du mode simultané, qu'on y suivait scrupuleusement ?

Dans ses rapports si nombreux, et qui portent sur toutes les parties de l'enseignement, nous ne rencontrons jamais un mot de blâme contre cette méthode, alors que le mode mutuel régnait en maître dans les écoles laïques, qu'il y était le seul autorisé par le Comité central, et qu'il avait l'appui de la société pour l'Instruction élémentaire, cette réunion d'hommes considérables, dont la pureté d'intentions était à la hauteur du savoir.

Tout au plus, Mlle Sauvan demande-t-elle une fois ou deux pour une école congréganiste, l'application du mode mutuel à l'enseignement de la couture. Elle le fait sans réflexions désobligeantes, et uniquement parce que le local et le personnel se prêtent mieux à une autre méthode.

Dira-t-on enfin, pour expliquer cette anomalie, que chez elle, c'était affaire d'opinions ; que liée, sous la Restauration, avec tous les grands personnages de l'opposition dont elle élevait les filles, elle en avait embrassé les doctrines, et s'était déclarée naturellement pour la méthode mutuelle, alors qu'il n'était pas permis à un ami de la liberté d'en adopter une autre ? Cette explication, qui n'est pas mieux fondée que les précédentes, est cependant plus spécieuse, et pourrait, jusqu'à un certain point, se soutenir, si nous ne savions que Mlle Sauvan n'était

pas une femme à mettre ses préférences personnelles au-dessus de l'intérêt de tous.

Un caractère moins ferme, un esprit moins
éclairé, eût pu, en effet, partager l'engouement d'un
parti où elle ne comptait que des amis. Mais elle dut
apprécier de bonne heure ce qu'il y avait d'exagéré
dans les éloges et les critiques dont la méthode
mutuelle était l'objet. Il ne pouvait lui échapper
que les plus chauds partisans de cet enseignement, comme ses plus ardents détracteurs, ne se
rendaient pas bien compte des motifs de leurs préférences ou de leur répulsion. Elle dut voir enfin
que ce qu'on voulait alors, c'était du bruit.

XXXI

Sous la Restauration, en effet, les questions les
plus innocentes venaient servir d'aliment aux passions politiques qui, ne pouvant lutter ouvertement
sur le terrain brûlant des théories sociales, se con-
tentaient, faute de mieux, de transporter leurs
différends dans le domaine de la littérature, de la
philosophie ou de l'enseignement.

On se serait cru revenu au temps des querelles

envenimées des Jansénistes et des Molinistes, avec cette différence pourtant, que ce n'était point la théologie qui était en cause, mais bien la forme même des institutions. Ainsi l'opinion politique, à cette époque, s'emparait de tout, et ne laissait pas la liberté du choix : partisan de l'enseignement mutuel, vous étiez nécessairement libéral; si vous souteniez, au contraire, l'enseignement simultané, vous étiez dès lors un *ultra*, un fanatique, comme les *Frères de la doctrine chrétienne*.

On comprend que Mlle Sauvan, qui était si supérieure à toutes ces petites fièvres de la passion, et dont tous les rapports témoignent de sa haute estime pour l'enseignement congréganiste, ne pouvait se laisser entraîner à de tels excès. Toute sa vie, au contraire, prouve qu'elle devait les déplorer, comme elle déplorerait aujourd'hui cette lutte bien plus menaçante, qui se réveille sous la forme pleine de dangers de l'enseignement purement laïque, avec l'intention hautement avouée d'affranchir l'enfant de toutes les *gênes* que la religion lui impose.

Tâchons donc de trouver ailleurs, dans des motifs plus hauts et plus graves, une raison qui s'accorde avec le caractère de Mlle Sauvan, tel que nous le connaissons maintenant, et qui explique en même temps sa sympathie pour le mode mutuel, ainsi que son attitude réservée, en présence de ce nouveau changement.

Nous n'aurons pas à chercher bien loin pour être fixé sur nos hésitations; car elle a pris elle-même le soin d'y répondre dans son *Manuel*, ouvrage dont nous avons parlé plus haut, et qui fut, comme on sait, si vite et si dignement apprécié.

XXXII

Voici d'abord comment Mlle Sauvan parle de l'en_ seignement mutuel au chapitre II, page 14 :

« La pensée dominante, dit-elle, de la méthode mutuelle est une pensée éminemment chrétienne, c'est-à-dire, douce, bienveillante, vertueuse, pure, sublime.

« Les partis politiques ont essayé quelquefois de la dépeindre comme un instrument d'orgueil et d'impiété : les gens sages, les esprits attentifs, doivent la considérer comme le meilleur moyen d'éducation et d'instruction qu'on puisse employer pour élever à la fois un grand nombre d'enfants, et pour les faire grandir dans la foi et dans la pratique des sentiments moraux que le Christianisme a fait la loi des nations civilisées : amour du prochain, aide et support mutuel; obéissance, soumission à l'autorité; régularité, application au travail; amélioration par le regret d'avoir failli; perfectionnement par la confiance au Maître de toutes choses.

« Rien de bon, de grand, de social, n'est impossible à transmettre par cette méthode; plus on saura l'étudier, et plus on se convaincra de ce que nous venons d'alléguer. »

L'éloge est complet, et l'on peut affirmer que l'auteur l'a fait avec une entière sincérité. Voilà bien en effet l'enseignement mutuel, non pas tel qu'il était, mais tel qu'il aurait dû être dans son application idéale.

C'est que Mlle Sauvan lui prête, sans le vouloir, tous les avantages qu'elle seule eût pu lui assurer.

XXXIII

Ce qui a trompé même de bons esprits sur la valeur de cette méthode, c'est qu'on part généralement de ce principe, qui n'est pas, Dieu merci, d'une vérité absolue, qu'en instruisant les autres, on s'instruit soi-même.

Sans doute, l'enseignement peut devenir une excellente école pour le maître, mais c'est à la condition que le maître aura assez d'expérience et de savoir pour diriger en même temps qu'il instruit. C'est là ce qu'on a trop oublié en parlant de la méthode mutuelle, où les enfants, presque exclusivement livrés à d'autres enfants, apprenaient lentement et nécessairement assez mal, ce que leurs jeunes maîtres avaient à peine eu le temps d'apprendre eux-mêmes et de retenir.

« L'enseignement, dit très-justement M. Gréard, est un art en même temps qu'une science ; un art, dont la souplesse doit se prêter aux besoins les plus imprévus, varier les explications, saisir les incidents, glisser ou insister, profiter de la lumière qui parfois se fait tout d'un coup, se tenir toujours au pas de l'élève, et le diriger en le suivant. Il n'y a de résultats réels qu'à ce prix, avec les jeunes enfants surtout, et *le maître seul est capable de les obtenir*. »

Cette appréciation, où éclate à la fois un sentiment si vif et si pénétrant des exigences d'un premier enseignement, est en même temps la condamnation de la méthode mutuelle, non pas avec les résultats bienfaisants que lui assigne Mlle Sauvan, mais de celle qui se pratiquait réellement. Car quel serait le moniteur, si bien doué qu'on le suppose, qui ferait face à de si difficiles obligations ; capable « *de profiter de la lumière qui se fait tout d'un coup, de*

*se tenir toujours au pas de l'élève, et de le diriger
en le suivant,* » quand toute la maturité et le savoir
consciencieux d'un maître y suffisent à peine ?

XXXIV

Cependant, quand on se rappelle avec quelle
faveur cette méthode fut accueillie du public vers
1833, on est bien près de croire qu'elle n'était pas
alors ce qu'elle est devenue depuis.

Perfectionnée dans ses moindres détails par des
hommes tels que de Gérando, Boulay de la Meurthe, l'abbé Gauthier, M. Cochin , et inspectée par
Mlle Sauvan, elle offrait l'exemple du mécanisme le
plus ingénieux et le plus économiqne qu'on alt
jamais appliqué à l'instruction de l'enfance.

Mais en vieillissant, cette machine, d'un art si
compliqué et si délicat, s'est détériorée sous l'action
délétère de la routine, qui paralyse comme la rouille,
les mouvements les mieux combinés. Les maîtres,
aisément rassurés à l'égard d'une surveillance que
se partageaient trente ou quarante moniteurs, désap-
prirent leur métier d'instituteurs par le peu d'enseignement qui leur était demandé, et il est arrivé
ce qui était à prévoir dans une telle organisation,

que les élèves, privés d'une intervention active et intelligente, s'habituèrent peu à peu à s'en passer et à fonctionner comme les rouages inconscients d'une machine qui obéit à une impulsion une fois donnée.

Ce n'est pas dans les loisirs d'une surveillance aisée et d'un enseignement presque nul que se forme le bon instituteur. Il lui faut, et cela ne manque pas à un maître vigilant, des obstacles à vaincre, des natures rétives à discipliner, des penchants mauvais à redresser, à corriger, enfin des intelligences fermées à ouvrir par l'intérêt et la variété qu'il sait mettre dans son enseignement. C'est toute une étude longue et pénible, que la méthode mutuelle n'exigeait qu'à demi, et qui n'est pas moins profitable aux maîtres qu'aux élèves.

XXXV

Ainsi, trente ans après la loi Guizot, qui lui avait donné un regain de popularité, l'enseignement mutuel était tombé dans un tel discrédit, que beaucoup de familles ne voulaient même plus que leurs enfants fussent moniteurs, malgré les avantages pécuniaires attribués par la Ville à ces modestes fonctions.

C'est que tous les hommes qui en avaient fait la fortune, avaient disparu, et que l'inspectrice elle-même, accablée de soins de toute sorte et succombant sous le poids des années, ne pouvait plus suivre avec la même vigilance un personnel qui, d'ailleurs, avait plus que doublé avec le nombre des écoles.

XXXVI

C'est alors qu'on songea pour les écoles laïques au mode simultané, qui avait fait ses preuves chez les congréganistes.

Bien supérieur, selon nous, au mode mutuel, et indéfiniment accessible à toutes les améliorations devenues indispensables avec le temps, il ne redoute que le trop grand nombre d'élèves rassemblés sous la main d'un seul maître, en sorte que ce qui était pour l'un la première condition de succès, est pour l'autre une véritable cause d'impuissance et de ruine. C'est un des inconvénients que Mlle Sauvan signale d'ailleurs avec une grande impartialité : « Notre profonde conviction, dit-elle, sur l'excellence de la méthode mutuelle ne nous rend point injuste envers la méthode simultanée : nous la considérons comme égale à la méthode mutuelle et comme aussi favorable aux progrès des enfants, toutes les fois qu'elle s'exerce entre une institutrice intelligente et un petit nombre d'élèves ; mais nous nous bornons à faire remarquer que, dans la méthode simultanée, l'attention d'une maîtresse ne peut s'étendre au-delà de trente à quarante élèves ; qu'après ce nombre, elle est obligée d'avoir recours à des auxiliaires, dont l'action rompt l'unité de l'enseignement, et nous sommes amenés à répéter ce que nous avons déjà dit : la méthode mutuelle *est éminemment applicable aux écoles nombreuses.* »

Mlle Sauvan vient de nous révéler en partie le secret de ses préférences pour le mode mutuel. *Il est éminemment applicable aux écoles nombreuses.* Elle n'imagine pas un état de choses plus avantageux pour les écoles.

Elle consent bien à reconnaître, avec des réserves, que les deux méthodes sont également favorables aux progrès des enfants, mais elle n'accorde rien de plus, et les raisons qu'elle en donne sont assez graves pour mériter d'être examinées.

<h2 style="text-align:center">XXXVII</h2>

« Dans la méthode simultanée, dit-elle, l'attention d'une maîtresse ne peut s'étendre au-delà de trente à quarante élèves; après ce nombre, il faut avoir recours à des auxiliaires dont l'action rompt l'unité de l'enseignement.

Nous sommes entièrement de l'avis de Mlle Sauvan, pour le nombre d'élèves à placer sous la direction d'une maîtresse. Quarante au plus, ce serait bien assez, si l'on songe au talent et à l'autorité morale qu'il faut avoir pour se faire écouter et suivre d'un pareil nombre d'enfants, naturellement distraits, remuants et peu disposés à l'attention.

Mais comme il eût été par trop coûteux d'établir une école pour chaque groupe de quarante élèves, plan d'ailleurs impraticable pour beaucoup d'autres raisons, il a bien fallu en réunir plusieurs centaines sous la direction d'un seul maître, aidé de *plusieurs adjoints*.

C'est précisément ce que redoutait Mlle Sauvan, et elle nous a fait connaître plus haut une de ses craintes, « c'est que l'action des auxiliaires rompt l'unité d'enseignement. En adoptant ce moyen, ajoute-t-elle, on entrerait dans tous les embarras, et on s'exposerait à tous les changements qui compromettent le succès et quelquefois l'existence des pensions et des institutions privées, où l'adjonction des sous-maîtresses a souvent une fâcheuse influence, parce que même en supposant toutes les garanties morales

assurées, chacune de ces sous-maîtresses y apporte
ses préjugés, ses prétentions, ou au moins, ses opinions personnelles, qui détruisent l'unité de vue si
nécessaire en instruction et surtout en éducation. »

Certes, voilà une difficulté sérieuse et qui peut bien
se rencontrer dans certains établissements libres,
où la position précaire faite au personnel ne permet
ni de le discipliner ni de le choisir.

Mais le personnel des écoles communales de Paris,
aujourd'hui surtout, présente d'autres garanties.
Qu'il passe ou non par l'Ecole normale, l'instituteur
ne conquiert son titre et son emploi, qu'après une
série d'épreuves longues et laborieuses qui mettent
dans tout leur jour ses aptitudes pour l'enseignement.

D'ailleurs, un programme parfaitement limité et
gradué règle d'une manière si précise les études de
chaque classe, qu'il est presque impossible de s'en
écarter.

On peut donc affirmer que l'*unité d'enseignement*
ne court pas plus de dangers que dans un lycée, où
l'instruction des enfants est confiée à quarante ou
cinquante professeurs différents.

Mais Mlle Sauvan ne s'en tient pas là des inconvénients qu'elle met à la charge de la méthode simultanée : elle va nous en signaler un autre bien plus

grave et qui résulte également de la nécessité de recourir à des auxiliaires.

Cette fois, son expérience lui a fait rencontrer, je crois, la véritable, l'unique difficulté, qui consiste à entretenir dans les écoles communales laïques, la bonne intelligence entre la directrice et ses adjointes.

« A qui, dit-elle, appartiendrait le choix des sous-maîtresses ? à l'autorité ; mais pourrait-on espérer que l'institutrice vécût en bonne intelligence avec des personnes qui devraient lui être subordonnées, et qui se sentiraient indépendantes par l'origine de leur élection ? Lui donnerait-on le droit de les renvoyer, après lui avoir refusé la faculté de les choisir ? »

Puis se plaçant à un autre point de vue, elle se heurte également à une réponse qui ne saurait satisfaire personne :

« Laisserait-on à l'institutrice le droit de nommer ses sous-maîtresses ?

Mais alors celles-ci ne présenteraient aucune garantie à l'autorité, et l'instruction, l'éducation, la moralité des enfants, l'avenir de la société, pourraient être confiés à des mains inconnues, probablement inhabiles, peut-être dangereuses. »

Voilà ce que cette femme remarquable écrivait en 1840, avec cette sûreté de jugement qui devançait assez souvent les prévisions des hommes les plus

compétents. C'est à peu près ce que lui écrit
M. Cochin, en lui adressant le rapport de M. Guizot
sur la loi de 1833 :

« J'ai la ferme conviction, dit-il, que cette loi
recevra de nouveaux développements, sans être
jamais renversée dans ses bases. Mais j'ai également
la preuve, par vos écrits, vos paroles et vos actes,
de l'aptitude que vous possédiez *avant la loi, pour
produire tout ce qu'elle a donné.* » Et plus loin, il
ajoute : « J'espère que d'ici à quelques années, vous
aurez rendu de grands services à l'instruction primaire. »

Puis il l'engage à lire tous les jours quelques
pages du rapport, en faisant des remarques, « car
ce livre, dit-il, est une grande partie du dictionnaire
de la langue que nous devons parler, vous et moi,
d'ici à dix ans, si Dieu nous prête vie, et nous continue intelligence. » Cette lettre est datée de 1835.

Je ne serais donc pas surpris que les appréhensions
si nettement exprimées plus haut par Mlle Sauvan,
eussent inspiré aux auteurs de la loi du 15 mars
1850, l'article 34 ainsi conçu :

« Les instituteurs *adjoints sont nommés et révo-
cables par l'instituteur avec l'agrément du recteur
de l'académie.* Les instituteurs adjoints appartenant
aux asso ations religieuses sont nommés et peu-

vent être revoqués par les supérieurs de ces associations. »

Ainsi, pour prévenir les conflits et mettre l'adjoint sous la main de son supérieur immédiat, le législateur de 1850 n'avait rien vu de mieux que de faire intervenir l'instituteur dans l'élection de son subordonné.

On a trouvé, peut-être avec raison, que cette mesure excellente en soi, donnait trop d'importance à un fonctionaire habitué malheureusement à en avoir très-peu, la loi antérieure ne lui réservant qu'une énorme responsabilité. On a craint sans doute des abus de sa part, et il est possible qu'il y en ait eu. Mais où n'y en a-t-il pas? Partout où il y a de l'homme, il y a de l'hommerie, a dit Montaigne. Si l'on voulait détruire dans le monde toutes les sources d'abus, on ne laisserait rien debout, pas même la religion.

Mais enfin, ce qu'il y a de certain, c'est que cet article 34, si conforme aux vues de Mlle Sauvan, n'a reçu que quelques rares applications, si jamais il fut appliqué, au moins chez les laïques. Il a été maintenu au contraire dans toute son intégrité pour les congréganistes, et aujourd'hui encore le choix des adjoints est laissé au supérieur, qui le fait agréer de l'administration.

De là un personnel épuré et soumis, qui contribue plus qu'on ne pense à leurs succès dans les examens.

On s'explique maintenant pourquoi Mlle Sauvan voyait sans inquiétude l'enseignement simultané fonctionner dans les écoles congréganistes, tandis qu'elle le redoute pour les écoles laïques, et qu'elle en reculera l'établissement aussi longtemps qu'elle pourra.

Elle l'aurait secondé, au contraire, de tout son pouvoir, si elle eût pu être rassurée contre les causes de mésintelligence qui devaient naître inévitablement dans le personnel d'une école, où ceux qui obéissent sont à peu près indépendants de celui qui commande. Mais elle ne voyait nulle part appliquée, au moins dans une certaine mesure, cette garantie, promise cependant par la loi de 1850.

Ce sera là l'excuse de cette vénérable femme dont la vie tout entière fut consacrée à la recherche du mieux.

XXXVIII

Il faudra attendre encore quelques années que le nouvel enseignement ait conquis son droit de cité, et rencontré un homme qui sache en faire valoir tous les avantages.

Jusque-là, il n'avancera que péniblement, à travers les ruines de l'ancien système, qui ne cèdera que lentement la place ; car il sera soutenu et défendu par toute cette armée de routiniers qui, sous ce régime, avait exercé si paisiblement une autorité absolue, avec des fonctions faciles et presque exemptes de responsabilité.

Mais enfin, cet état de lutte devait finir par le triomphe complet de l'enseignement simultané, sans donner tort pourtant aux appréhensions de Mlle Sauvan.

Seulement, avec la forte organisation qu'il reçut vers l'année 1869 ; un programme admirablement compris, qui fait peser sur chacun sa part de responsabilité, et pour contrôle, l'examen du certificat d'études, qui donne déjà plus de trois mille résultats par an, il est bien difficile que les causes d'antagonisme se perpétuent. Elles disparaîtront même complétement, si l'on élargit les attributions des directeurs et des directrices, si on leur accorde plus d'initiative dans la direction ; enfin, si l'on veut, en faisant un pas de plus dans la voie des sacrifices, les rendre tout entiers au gouvernement de leur école.

Plus libres alors dans leur action, avec une autorité plus grande qu'ils tiendront de leur position exceptionnelle, ils verront les classes de plus près, et imprimeront à toutes, cette précieuse unité d'enseignement dont parle si souvent Mlle Sauvan, et qui est, en effet, indispensable pour arriver aux résultats désirés et tout préparés dans les programmes [1].

Voilà ce qui reste à faire pour couronner l'œuvre de tant de réformes importantes, entreprises en 1868 et continuées depuis avec une suite de vues étonnante et une rare intelligence des besoins nouveaux.

XXXIX

Malheureusement Mlle Sauvan n'a assisté, dans ses derniers jours, qu'à l'état d'anarchie qui a précédé ces réformes, sans entrevoir cette terre promise où elles devaient s'accomplir.

[1]. Au moment où nous écrivons ces lignes, nous apprenons qu'un essai est tenté dans le sens que nous indiquons ici. Le dernier *Bulletin* de l'instruction primaire porte, en effet, que dix directeurs et cinq directrices sont officiellement dispensés de classe, et reçoivent des attributions qui assimilent un peu leurs fonctions à celles des inspecteurs. Espérons que cette mesure, qui a paru bonne pour quinze écoles, s'étendra bientôt à tous les établissements scolaires de la capitale.

Que de raisons elle aurait aujourd'hui pour se réconcilier avec un mode d'enseignement qui lui inspirait d'abord tant d'inquiétude! Qu'elle serait heureuse en visitant ces magnifiques groupes scolaires, véritables palais de l'enfance, qui se sont élevés en si grand nombre à Paris, depuis dix ans! Quelle différence avec ces « salles humides, obscures et malpropres, » où, de son temps, s'entassaient par centaines de pauvres créatures, grelottant de froid l'hiver, en face de vieilles tables toutes vermoulues!

En entrant dans ces nouvelles écoles, dans ces salles inondées d'air et de lumière, elle serait ravie de la belle ordonnance et de l'élégante simplicité du mobilier. L'admirable entente de l'outillage scolaire ne manquerait pas non plus d'attirer son attention : les boîtes de couture, les appareils de système métrique, les cartes, les tableaux, la bibliothèque... rien n'échapperait à sa curiosité surprise et charmée. Elle retrouverait là, rassemblés et rangés, tous ces objets indispensables à l'enseignement, et dont les écoles ont été si longtemps privées.

XL

Mais Mlle Sauvan touchait au terme de sa longue et laborieuse carrière. On était au commencement de 1867, elle avait quatre-vingt-trois ans. Elle sentait que l'heure était venue où sa tâche remplie, elle allait laisser à d'autres mains pour la continuer cette œuvre de prédilection qui avait eu le meilleur de son esprit et de son cœur.

Si, dans son ardeur pour le bien, elle vit avec tristesse approcher sa fin, ce ne fut pas par regret de la vie, ce fut par regret de ne pouvoir plus rien pour ses écoles qu'elle avait tant aimées.

Quand Dieu brise l'ouvrier dans sa jeunesse et dans sa force, avant que la dernière pierre ait été posée, celui-là peut se plaindre de mourir trop tôt ; il peut dire comme le poëte : « Et pourtant, il y avait quelque chose là !... » Mais la vie de Mlle Sauvan était remplie : « Elle avait passé en faisant le bien, » et elle avait eu le chagrin de vivre assez pour pleurer tous ses amis de la première heure, comme si la Providence eût voulu la maintenir à ce poste d'honneur, jusqu'au jour où il pourrait être dignement occupé ; elle ne le quitta que pour mourir, réalisant ainsi une parole du préfet, dans une circonstance qu'il est inutile de rappeler : « Il n'y a que Dieu qui puisse toucher à Mlle Sauvan. »

XLI

Elle s'arrêta définitivement le Vendredi-Saint de l'année 1866, après avoir vainement lutté contre la violence d'un mal qui devait l'emporter le 10 janvier suivant.

Ainsi, il ne fallut pas moins de neuf longs mois de souffrances pour abattre cette nature à la fois si frêle et si forte, qui semblait emprunter à l'esprit quelque chose de son immortalité. Epuisée par la maladie autant que par les années, elle ne cessa pas cependant de s'occuper un seul jour de ses écoles.

Une sous-inspectrice, qu'elle a beaucoup aimée, et qui devait, quoique plus jeune, la suivre de bien près, faisait les inspections pour elle, lui rapportait le résultat de ses observations, et Mlle Sauvan, comme au temps de sa plus grande activité, faisait venir les fonctionnaires, s'il y avait lieu, donnait ses instructions, ses conseils, et dictait ou plus souvent écrivait elle-même ses rapports, qui étaient ensuite envoyés à l'administration.

Elle ne déposa donc que pour mourir ce fardeau si lourd qu'elle portait depuis si longtemps, sans avoir jamais donné un signe de défaillance ou de fatigue.

On me raconte que quelques jours seulement avant sa mort, elle eut à donner son avis sur la mise à la retraite d'une institutrice qui eût peut-être plutôt mérité une disgrâce. Mais cette femme était âgée et dénuée de ressources : une mesure de rigueur l'eût plongée dans une affreuse misère. Ce fut assez pour Mlle Sauvan ; le malheur qui avait toujours trouvé dans son cœur un accès si large et si généreux, lui inspira cette fois, et ce fut la dernière, un rapport éloquent en faveur de cette infortunée.

Cet écrit suprême, échappé encore de sa main mourante, a malheureusement eu le sort de beaucoup d'autres : il ne nous a pas été conservé. Mais les personnes qui l'ont lu, s'en souviennent, et parlent avec admiration de la fermeté des pensées, de la merveilleuse clarté du style et de l'émotion qui régnait dans ce dernier rapport.

Ce devoir rempli, il sembla qu'elle n'avait plus rien à faire en ce monde, qu'à se préparer pour le grand passage. Un calme, qui n'était plus celui de la vie et pas encore celui de la mort, se répandit dans toute sa personne, et c'est dans cet état qu'elle reçut les derniers sacrements de l'Église, dont elle avait été toute sa vie une fille pieuse et soumise.

Son digne confesseur, profondément édifié et ému, disait en se retirant : « Mlle Sauvan est une sainte; elle sera portée au ciel par les anges. »

Bientôt elle tomba dans un assoupissement précurseur, qu'elle interrompait seulement de temps en temps pour tendre la main, pour essuyer une larme, pour remercier et bénir sa nièce Lucile qu'elle chérissait et qu'elle appelait pendant cette douloureuse maladie « sa pauvre victime ».

Quelques heures avant sa mort, elle la fit venir auprès de son lit, et semblant captivée par une vision intérieure : « Oh! ma fille, lui dit-elle, que de belles choses je vois! » Ce furent ses dernières paroles. Un rayon de la vie future était venu sans doute visiter et éclairer cette âme si pure et toute prête pour le ciel.

Elle s'éteignit sans agitation, sans agonie, comme si elle avait passé d'un sommeil léger à un plus profond repos.

La presse se fit l'écho des regrets qu'inspirait cette perte immense aux amis de l'éducation populaire. La société pour l'Instruction élémentaire (voir la note, page 228) lui consacra, dans son bulletin de janvier 1868, quelques pages émues; le journal des

Débats rappela ses titres littéraires, et la *France* (voir la note page 227), dans un article substantiel, résuma tout ce que Mlle Sauvan avait fait pour vivre dans la mémoire des enfants des écoles et dans le cœur de ses amis.

Son corps repose au cimetière du Père-Lachaise, presque sous les pieds de cette jeunesse pauvre dont elle fut si longtemps la lumière et l'appui.

Ses anciennes élèves et les institutrices de Paris, réunies dans un même sentiment de reconnaissance, lui ont fait élever un tombeau, modeste comme sa vie, avec cette inscription :

A LA MÉMOIRE

DE Mlle JEANNE-ADÉLAÏDE-LUCILE SAUVAN,

INSPECTRICE DES ÉCOLES DE PARIS PENDANT 34 ANS.

HOMMAGE D'AFFECTION ET DE RECONNAISSANCE.

LES DIRECTRICES ET LES ENFANTS DES ÉCOLES.

APPENDICE

———

L'article suivant a paru dans la *France* le mardi 15 janvier 1867 :

Les obsèques de Mlle Sauvan, inspectrice des écoles de filles de la ville de Paris, ont eu lieu samedi dernier à l'église Notre-Dame-de-Lorette. Le deuil était conduit par M. Legouvé et M. le commandant Sauvan, ses neveux. L'assistance était considérable : on y remarquait MM. Patin et Vitet, de l'Académie française; M. Chambolle, ancien député et ancien rédacteur en chef du *Siècle* et de l'*Ordre;* M. Blanche, secrétaire général de la préfecture de la Seine; M. John Lemoinne, de la rédaction des *Débats;* M. Arthur Leroy, du conseil d'État; MM. Hubert et Pasdeloup, une foule d'autres notabilités, des députations des corporations enseignantes et les jeunes filles des écoles de la Ville.

Avant de remplir des fonctions publiques, Mlle Sauvan avait dirigé une des principales institutions de Paris, et sa bienfaisance s'y exerçait si libéralement, en y admettant un grand nombre de jeunes personnes privées de ressources, qu'on lui en faisait quelquefois la remarque, au point de vue de ses intérêts. Elle répondait simplement : « Dieu y pourvoira. »

Élévation de l'esprit et du cœur, sûreté et promptitude du jugement, fidélité dans les affections, vaste savoir toujours présent, ponctualité exemplaire jusqu'à la dernière heure dans l'accomplissement de ses devoirs publics, désintéressement et générosité, elle avait tout ce qui concilie l'attachement, l'estime, la vénération.

Ses anciennes élèves, dont quelques-unes sont des aïeules, l'entouraient comme une famille, et le nom de *bonne amie* qu'on lui donnait est un témoignage. Elle a vécu entourée d'illustres amitiés. On voyait, dans son salon, à côté de M. Patin, exerçant sa fine causerie, M. Robert-Fleury, dessinant à la plume des croquis qu'on se disputait. Elle savait consoler en fortifiant, reprendre avec indulgence et conseiller avec persuasion. On se sentait meilleur après avoir causé avec elle. Mlle Sauvan, quoique appartenant par son âge au dix-huitième siècle, comme, par son genre d'esprit, elle relevait du dix-septième, avait conservé la jeunesse intérieure. Elle était, dans ce grand Paris, le centre d'un monde qui lui conservera un souvenir tendre et fidèle.

Notice nécrologique, lue le 8 janvier 1868, à la séance de la Société pour l'Instruction élémentaire :

Une perte bien grande et bien sensible est venue affliger les amis de l'Instruction populaire; une femme remarquable et par un mérite éclatant et par une grande modestie et dont le nom vivra constamment parmi les institutrices, a terminé sa carrière à l'âge de quatrevingt et quelques années; elle avait d'abord dirigé un pensionnat de demoiselles dans lequel furent élevées des femmes qui y recevaient une éducation forte et

dont plusieurs sont encore l'ornement de la société parisienne. A l'époque où l'enseignement mutuel prit son
essor, Mlle Sauvan fut nommée inspectrice des Écoles
communales et chargée d'un cours normal pour les
dames qui voulaient se livrer à l'enseignement ; elle
l'a fait pendant de très-longues années et avec le plus
grand succès dans une salle spéciale du grand bâti-
ment de la Halle-aux-Draps. Un travail destiné à guider
ses élèves sortit alors de sa plume. Il faut reconnaître
que Mlle Sauvan fut, en quelque sorte, l'institutrice de
toutes les autres, par les soins qu'elle sut leur donner.
Une des qualités de Mlle Sauvan, qui, pendant un
grand nombre d'années, suffit seule pour inspecter
toutes les écoles communales de filles de la ville de
Paris, était l'exactitude même à remplir ses devoirs.
A l'heure dite, elle était au cours normal qu'elle faisait
à la Halle-aux-Draps ; on la voyait ensuite se mettre
en marche pour aller visiter les écoles des deux
rives. Elle reprenait avec sévérité les négligences et
les écarts qu'elle remarquait, mais cependant elle
apportait dans ses dires une bonté qui ramenait toujours à l'observation des devoirs. Elle se peignait
elle-même à la fin de son existence, quand elle disait :
« Si j'ai eu un mérite, c'est celui de m'être réservé la
« sévérité et le blâme, et de n'avoir jamais traduit
« devant l'autorité compétente, celles qui auraient pu y
« être renvoyées. J'ai toujours été zélée, mais je n'ai
« jamais aimé à faire du zèle. »

Mlle Sauvan était membre de notre Société, et
comme telle, avait été appelée à remplir les fonctions
de secrétaire du Comité des dames que la Société
avait institué pour surveiller et patronner ses écoles
de filles ; elle en était l'âme et le guide. Après une

journée commencée avant le jour, Mlle Sauvan recevait le soir chez elle toutes les dames institutrices qui avaient des avis ou des conseils à lui demander, ou celles qui, voulant entrer dans l'instruction, désiraient la consulter. Au milieu d'un petit salon, où travaillaient ses nièces qu'elle avait élevées et qui demeuraient avec elle, on la voyait, comme une véritable mère de famille, répondre à toutes, et ne laisser partir celles qui étaient venues la voir, qu'après avoir reçu d'elle de bonnes paroles ou des promesses qui ne sont jamais restées sans résultat. On s'adressait chaque jour à elle de tous les départements pour avoir de bonnes institutrices, et le titre d'élève de Mlle Sauvan suffisait pour obtenir la direction d'une école.

Sa santé, à la fin de sa vie, s'affaiblissait tous les jours, et cependant ses inspections ne furent interrompues que pendant les six derniers mois de son existence. Mlle Sauvan s'est, pour ainsi dire, éteinte sans maladie ; ses funérailles présentèrent le spectacle des nombreux regrets dont elle était l'objet ; des membres de l'inspection de l'enseignement primaire, plusieurs membres du corps municipal, des membres de votre Société, ont été lui rendre les derniers devoirs ; des députations de jeunes filles de toutes les écoles laïques ou congréganistes, accompagnées de leurs maîtresses, se sont rendues à ses obsèques, et entouraient le char funèbre portant ses restes. Elles étaient venues rendre un dernier hommage de reconnaissance à l'inspectrice modèle, qui avait consacré sa vie tout entière aux progrès de l'instruction primaire.

GODART DE SAPONAY,
Président honoraire de la Société pour
l'Instruction primaire.

TABLE DES MATIÈRES

Coulommiers. — Typog. ALBERT PONSOT et P. BRODARD.